不自然
死因研究

UNNATURAL_
DEATH INVESTIGATION_

法醫的 28 課死亡剖析筆記 _

法醫秦明　著

萬里機構

美國作家勞倫斯・卜洛克說過：

「紐約，有八百萬人口，有八百萬個故事，有八百萬種死法。」

生命只有一次，「作死」的方式卻有無數種。
如果從冰冷的生命終點開始倒帶，
或許我們會發現，
有些死亡本來可以避免。
那麼，你準備好接受生命的挑戰了嗎？

挑戰讀者

翻開這本《不自然死因研究》前，你是否對自己的安全意識自信滿滿？

沒錯，大家都知道過馬路要看紅綠燈，知道不吃陌生人遞過來的可疑食物，也知道要遠離鋒利的刀具。這些基礎知識，對大多數人來說都是很簡單。但在我們生存的世界裏，依然有很多人因為一些完全沒有注意到的細節而莫名其妙地走到了生命的終點。

今天，我就從法醫檔案中抽出一些經典的案例，來測試一下你的安全意識究竟有多高。

以下挑戰題每道題有一個或多個正確答案：

1. 溺水可能發生在（　　　）。

　A. 不會游泳的人身上　　　　　B. 游泳很好的人身上

　C. 超過身高的深水區　　　　　D. 不到膝蓋高的淺水區

2. 炎熱的夏天，以下哪些建議比較好？（　　　）

　A. 選擇空調直吹的地方入座，方便快速降溫

　B. 當司機熄匙下車去辦事時，其他乘客最好關緊車門在車裏睡覺

　C. 如果有人已經中暑了，應該趕緊給他吃冰涼的西瓜之類的食物降溫或者大量飲水

　D. 對於發病急驟的重症中暑患者，要選擇陰涼的地方讓其坐臥，抬高下肢，用涼的濕毛巾敷前額降溫

3. **關於喝酒，以下做法哪些是正確的？( )**

   A. 照顧喝醉的人，把他抬到床上休息時，應該讓他保持仰臥的姿勢，方便呼吸

   B. 天氣冷的時候，可以多喝一點酒，因為喝酒可以暖身

   C. 吃頭孢類藥物不能喝酒

   D. 如果喝多了，最好讓熟悉的人送自己回家，而不要盲目相信自己的方向感和判斷力

4. **關於下面的傳言，哪些可能是真的？( )**

   A. 大街上有人忽然拍了一下女孩的肩，女孩聞到一縷清香後中毒失去意識，迷迷糊糊跟着這個人走了

   B. 如果你在沙灘上玩耍，千萬不要玩用沙子把人埋起來的遊戲，就算被埋的人留一個頭在外面，看上去可以自由呼吸，但如果有人在他周圍亂踩，把沙子踩得結實了，還是會導致被埋的人窒息

   C. 一個吻痕可能導致突然死亡，這種死亡方式屬猝死，完全沒有機會挽救

   D. 佩戴安全帶是為了防止急剎車時頭部撞到擋風玻璃上，所以如果汽車已經配備了安全氣囊，就算不佩戴安全帶也可以

5. **下面說法，哪些是錯誤的？( )**

   A. 吃飽了玩呼拉圈，有可能會導致腸破裂

   B. 不要在糧倉裏睡覺，新收的糧食可能已被噴灑藥物，這種藥物遇水後產生的氣體可能會讓你中毒

   C. 交通事故發生後，如果傷者表面看上去不太嚴重，就沒必要去醫院

   D. 吃到變質的食物，拉幾次肚子就好了，只要沒有嘔吐，身體會自己好轉的

答案

 1. ABCD   2. D   3. CD   4. B   5. CD

 你答對了嗎？

 如果你答對了 0~2 道題，說明你的自我保護意識還很薄弱，很需要趕緊閱讀本書，以此來提升你的生存力；

 如果你能夠答對 3~4 道題，說明你已經擁有了一定的醫學常識，對自己的身體也有了足夠的關注，但你還需要通過這本書糾正一些謬誤，才能讓自己生活得更安全；

 如果 5 道題你全都答對了，說明你已經有了非常強大的生存本能。知其然，更有必要知其所以然。希望通過閱讀這本書，你能了解到這些救命常識背後的法醫學原理，告訴給更多你在意的人。

 好的，那麼就讓我們一起開始這場有關生存能力的科普之旅吧！

序

也許是受到了傳統文化的影響，我們從很小的時候開始，就對於「死亡」一詞諱莫如深。甚至一提到類似的詞彙，我們就會被父母呵斥。但是大家有沒有想過，既然每個生命體都會有終點，每個人都會死亡；那麼，這個必然會出現的東西，為甚麼我們連言談之中都要避諱呢？好像只有這樣，才能讓我們看起來與死亡相隔甚遠。可是，真的不談就會遠嗎？

死亡，連說都不能說，何談教育？

在這樣的意識環境裏長大的孩子們，會變得怎樣呢？有的愚昧迷信，有的諱疾忌醫，有的漠視他人的生命，有的則輕易放棄自己的生命……有人說我是在危言聳聽，其實真的不是我在誇大，缺乏安全意識、漠視法律法規、不敬畏生命，或者歧視與死者接觸的職業，這些並不是個別現象吧？所以，我覺得「死亡教育」勢在必行，而且不僅僅局限於兒童教育。對成年人的「死亡教育」甚至比對兒童的更加迫在眉睫，因為身教大於言傳，如果成年人對死亡的認知都不夠，又如何去給自己的孩子帶來良好的影響呢？「死亡教育」，就是生命教育，而這應該是全民性質的活動。

作為一名普通的法醫，在這個龐大的體系工程裏，我能不能起到一些作用呢？我一直在思考這個問題。

既然是一名法醫，我每天都會見到死亡，似乎「死亡」這個現象已經司空見慣了。在職業生涯中，對待死亡，我經歷了從心酸到惻隱、從悲憤到淡然的心路歷程。如果我能夠用文字將這些分享給你們，一定會讓你們對死亡有不一樣的認識。

　　我曾經在《科學 Fans》雜誌上寫過一個專欄，叫作〈第 X 次死亡〉。在整理、補充了專欄文稿之後，我又增添了一些內容，最終寫成了你們手上的這一本書。你們會發現，這本書裏死者都是同一個名字——夏曉曦。這是因為我在創作時，想用「xxx」代替死者名字，可是「xxx」放在書裏也不合適啊，於是我用拼音輸入法打了「xxx」，才有了這個名字。

　　這一本書列舉了我見過的各種死因，對各種死因的法醫學現象進行了科普。同時，我針對每一種死因介紹了一些防範規避的方法。再者，這本書裏的大量案例都是生命的反面教材。我希望大家可以通過看到別人的遭遇，而避免自己的不幸。

　　科普只是媒介，我希望大家能看到更深層次的東西。

　　生命只有一次，沒有重新來過的機會。我曾經在屍檢的時候，暗自琢磨，躺在我面前的這一具冷冰冰的屍體，在生命隕滅的那一刻，他曾想些甚麼呢？

　　他一定是想繼續活下去。

　　生命是最可貴的東西，沒有之一。生命也是最美麗的東西，沒有之一。

　　希望大家可以通過本書，意識到這一真諦，從而愛護、珍惜自己的生命，讓自己的生命更加精彩。

　　尤其是在絕望、無助的時候，更要去想一想。活下去，有很多理由；活下去，甚至不需要理由。

　　正因為生命有終點，所以我們更應該拼命地、快樂地、充實地活着。

目錄

CASE: 001

File Name:

水邊的女孩

Cause:

溺死

CONFIDENTIAL

2012 年夏末，居民夏先生到警署報案，稱自己 14 歲的女兒夏曉曦失蹤了。

警方立即組織警員協助夏曉曦的親屬展開搜尋工作，並專門安排一組警員重點對區內的溝、塘、湖、池進行了尋找，果不其然，不到一天的時間，警方就在距離夏曉曦家兩公里的一處池塘內尋找到了夏曉曦的屍體。

這個池塘的附近是一片野地，野地裏有很多野菜。據調查，夏曉曦經常在放學後，到野地裏玩耍、採摘野菜。

夏曉曦的屍體被打撈上來的時候，褲子是褪到膝蓋的。所以，夏曉曦的父親懷疑她是遭受到不法分子的侵犯後，被拋屍入水的。

不管家屬怎麼認為，這種非正常死亡事件都需要法醫出場。法醫在進行檢驗後，就可以給辦案部門提供判斷死亡原因的依據了。

負責本案的法醫轟之軒，是一個身高大約一米八的魁梧男人。面容白淨，一頭短髮微微有些自然捲。當轟之軒穿着乾淨利落的制服抵達現場時，立刻就吸引了不少人的目光。當然，最引人注意的，是轟之軒右手袖口露出的機械手。他從容地套上解剖手套，似乎已經對這種注視習以為常。

與他合作已久的同事都知道，不光是右手，轟之軒的右腿也是人工製造的機械假肢。

跟在聶之軒身後的是實習法醫小白，他從學校畢業還沒多久，對聶之軒假肢的由來一無所知。

接到要到現場的指令時，小白正準備吃東西。他還沒打算放棄這頓飯，於是一手拎着勘查箱，一手拿着麵包狼吞虎嚥。在靠近現場的時候，小白被石頭絆了一下，手中的麵包掉落在了泥地上。

「別吃了，要進封鎖線了。」聶之軒說。

「這……這也吃不了呀！」小白一臉心疼。

兩人走進了封鎖線，第一眼便看見了夏曉曦口鼻外面黏附的蕈狀泡沫。

「這個就是蕈狀泡沫吧？」小白問道，「這就是淹死的呀！」

「第一，法醫在屍檢完畢之前，不要輕易下任何結論。」聶之軒說，「第二，法醫的術語裏沒有淹死，只有溺死。」

小白吐了吐舌頭。

聶之軒拿起夏曉曦的手，發現手指之間有泥沙和水草，心裏似乎有了一些底，說：「走吧，把屍體運到解剖室。既然家屬提出了異議，我們需要對屍體進行系統解剖檢驗，明確死因。」

經過法醫檢驗，發現夏曉曦的氣管內有大量的蕈狀泡沫，氣管充血，肺部膨隆，可見肋骨壓痕，胃內有大量帶有水草的液體。由此可以判斷，夏曉曦是溺水死亡的。同時，法醫經過檢驗也判斷夏曉曦生前並沒有遭受性侵害。

結合池塘岸邊的足跡等痕跡以及其他一些調查工作發現，專案組還原了事實真相。

夏曉曦獨自在池塘邊玩耍的時候，突然內急，於是在池塘邊解手。而恰巧在此時，遠處有幾名學生向池塘這邊走來。夏曉曦發現有人過來後，來不及提起褲子，就想往灌木叢後躲藏。但因為褲子的牽絆，夏曉曦失足掉進了池塘，不幸溺死。

人死了，就像水消失在水中。

——波赫士

溺死是指當人體處於液體環境中，液體
進入人體呼吸道後，堵塞呼吸道使人體
內氣體交換發生障礙，從而導致人窒息
死亡的一種方式。

夏天是很多人都喜歡的季節，在酷熱的天氣裏，很多人都會選擇游泳這種涼爽的避暑方式。但在這裏要很煞風景地來和大家聊聊「溺死」的話題。

溺死屬機械性窒息死亡的一種，和其他機械性窒息（如扼頸、掩壓口鼻等）不同，因為致死的物體是液體，所以其死亡會有一些特徵。

插一句，溺死並不一定都發生在江河湖海中，水很淺的地方同樣也會發生溺死。

以前曾見過在一個淺水灣自殺溺死的人，那個人仰面躺在水中，水面剛剛漫過鼻孔。有人會問，那人被水嗆着了，不會趕緊坐起來嗎？其實人就是這樣，有的人因為嗆咳、慌亂，在很淺的水中一樣可以被溺死。我曾有一次掉到湖裏了，劇烈掙扎，險些被溺死。同學發現後，趕緊跳下來救我，可他拉了我一把後，我一站起來才發現，原來水深還不足一米。而且很囧地補充一句，其實我是會游泳的。所以，慌亂害死人啊！

同樣，在浴缸、浴盆中也存在溺水的危險，所以，照顧小朋友或是行動不便的老人洗澡的時候，一定不要疏於看管。我的編輯朋友包包小時候就有過因為在洗澡時無人看管，在浴缸中滑倒、嗆水，差點就沒有然後了的情況。

那麼，法醫是怎麼判斷一個人是不是溺死的呢？

溺死作為一種特殊的機械性窒息死亡現象，有很多特殊的屍體表徵。所以，要判斷出死者的死因是溺死，並不難。但是，在水中的屍體，很容易快速腐爛，屍體腐爛後，對是否是溺死的判斷就會困難得多。所以，法醫必須掌握溺死的全部特徵，在檢驗腐爛屍體

時，識別出幾項溺水特徵，並排除外力加害、中毒致死等死因後，才可以得出溺死的結論。

對溺死的診斷非常重要，溺死多見於意外和自殺，罕見於他殺。在處理溺死的非正常死亡事件時，不僅要熟練掌握溺死的特徵，更要學會將它和死後拋屍入水進行區別。

如何鑒別死後拋屍入水與溺死

屍斑 [1]

生前入水的屍體，因為屍體隨水流翻滾，體位不斷變化，沒有一個固定的「屍體低下位置 [2]」，所以，屍斑不太明顯。當然，溺死後不久就被打撈上來的屍體上會重新形成明顯固定的屍斑。如果是死後，待屍斑穩定再拋屍入水的，則會有明顯的屍斑。

口鼻腔和氣管

在溺水過程中，因為冷水刺激呼吸道，呼吸道黏膜分泌亢進，氣管通常會呈明顯充血狀，甚至有水中的泥沙進入氣管和支氣管。同時，溺液、黏液以及空氣隨劇烈的呼吸運動或嗆咳攪拌，會在呼吸道形成泡沫。屍體被打撈上來後，泡沫會溢出口鼻腔，此為蕈狀泡沫。而死後入水者，因為沒有呼吸運動，所以氣管不會充血，也無此類泡沫。當然，對嚴重腐爛的屍體來說，即使死因是溺水，這種泡沫也很少見了。

註釋

1 屍斑是在人體死亡後 2 小時左右，由於血液循環停止，心血管內的血液因重力作用，沿血管網向下墜積，高位血管空虛、低位血管充血，而透過皮膚呈現出的暗紅色、暗紫紅色斑痕。這些斑痕開始是雲霧狀、條塊狀，最後逐漸形成片狀。

2 比如一具仰臥的屍體，他的低下部位就是肩、背、腰、臀、腿後側，但仰臥的屍體因為後背部高低不平，所以有受壓和未受壓的部位。一般情況下，臀部和肩胛部凸起，所以會和地面接觸，這兩個部位就是受壓部位。屍斑會出現在未受壓且低下的部位，也就是背、腰和腿後側。

🔍 窒息徵象

作為導致機械性窒息死亡的一種方式，溺死也同樣有其他方式導致的窒息死亡的徵象，比如眼瞼出血點、內臟瘀血、口唇青紫、指甲發紺、顳骨岩部出血等。如果是拋屍入水，那麼死者可能沒有窒息徵象，有其他的死亡徵象。但如果是把人捂死或掐死後拋屍入水，怎麼和溺死相鑒別呢？這後面再説。

🔍 手

溺死的人，因為在水中會下意識掙扎，手指夾縫、指甲內可能會有泥沙、水草。這是一種生活反應[3]。死後入水者則不會有。

🔍 肺

水性肺氣腫是溺死的重要證據之一。簡單點説，溺死的人，肺裏全是水，肺的體積、重量都增加，表面有肋骨壓痕，肺泡壁破裂，在肺葉表面形成一種紅斑，叫作溺死斑。這樣的肺，摸起來有捻髮感[4]。而死後被拋屍入水的人則不會有這些徵象。

🔍 心

溺死的人，靜脈瘀血怒張，右心瘀血，左右心血成分差異會導致左右心腔的顏色不一致。而死後被拋屍入水的人則不會有這樣的特徵。

🔍 胃

學習游泳的時候大多數人都有嗆水的經歷，所以溺死的人的胃裏也會有大量溺液。這也是一種生活反應。死後被拋屍入水的人則

註釋

3 生活反應，只有機體存活的時候才有的反應，比如出血、充血、梗塞、吞咽、水腫、血栓等。

4 捻髮感，捻頭髮的感覺。

不會有，除非死之前被灌下大量的水。不過，犯罪分子別得意，你灌得了胃，灌不滿肺啊！

🔍 肌肉

溺水的時候，人體劇烈掙扎，因此有很多溺水的人會在胸鎖乳突肌、斜角肌、胸大肌、背闊肌等不容易因為外傷形成片狀出血的肌肉處形成出血。

🔍 實驗室檢查

有一種檢驗叫作矽藻檢驗，就是用溶劑將屍體的肺、肝、腎溶解，這些器官裏的一些浮游微生物（矽藻）則不會被溶解。經過塗片、顯微鏡觀察，可以判斷這些矽藻的形態，然後和屍體所在水體的矽藻進行對比，可判斷死者是不是在這裏溺水的。這種辦法行之有效，已成為判斷溺死的一種重要參考辦法。

還有一些其他的實驗室檢查，如左右心血氯離子測定、鍶離子測定等。這些檢查很少用上。

最關鍵的是，對於死後被拋屍入水的人，肯定可以在屍體上發現其他的死因，而溺死的死因就是溺死。

根據上面的內容，基本可以肯定，想用拋屍入水將其他死因偽裝成溺死，從理論上講基本是不可能的，沒有完美的犯罪。

其他與溺死相關的內容

🔍 其他機械性窒息致死和溺死的鑒別

很多人說，可以把人掐死、捂死後，再扔水裏，反正是窒息，徵象都一樣。其實不然，被掐死、捂死的人，即使嚴重腐爛，在其頸部、口鼻腔也會有特徵性出血損傷，這個很容易發現。同時，死後入水者的氣管、肺、心、胃都和溺死的不一樣，前面已經講過了。

🔍 乾性溺死

有一種溺死，是因為死者突然入水，聲門痙攣，導致急性窒息死亡。這樣的死亡，溺液可以不進入肺、胃，氣管和實驗室檢查也是正常。雖然極少見，但也是存在這種可能性的。那麼，怎麼判斷死者是乾性溺死呢？首先要排除死者是受機械性損傷、其他機械性窒息而死亡，然後排除死者是中毒死亡。可以排除這兩項的話，結合現場環境，就能推斷死者死於乾性溺死。

🔍 推人入水

有朋友問了，如果是趁人不注意時推人下水使其溺死呢？我只能説，這種殺人手法太不保險，我是沒見過。畢竟這個人有可能游上來，或者是獲救，那兇手可就傻了。如果推人下水真的淹死了人，法醫學就解決不了，但警方通過現場勘查情況、調查情況依舊可以破案。

我倒是聽過有下藥使人昏迷，然後扔進水裏溺死的。不過這樣的情況可以通過毒物檢驗檢查出來。

説到這裏，我再跟大家分享一個案例，或許大家就更能理解法醫是如何區別溺死和拋屍入水的了。

*　　　　*　　　　*　　　　*

在 2011 年的夏天，某地發生了一宗命案。

這是一個兩口之家，一位奶奶帶着一個 13 歲的孫子。這個孫子非常不聽話，經常惹得奶奶暴跳如雷。有一天，鄰居看見這個奶奶找孫子找到了晚上 8 點，最終發現孫子在小河邊撈龍蝦。把孫子拖回家後，鄰居們聽見奶奶和孫子發生了激烈的爭吵，甚至可以聽見打鬥的聲音。

第二天早上，鄰居發現奶奶死了在家裏的床上，死因是被人用手掐壓頸部導致機械性窒息。而孫子，失蹤了。

　　結合前一天晚上的動靜，鄰居們認為是孫子失手掐死了奶奶，然後畏罪潛逃。警方開始到處搜索，尋找孫子的下落。

　　兩天後，孫子的屍體在一條小河裏被發現了。難道是孫子畏罪自殺了嗎？孫子的死因究竟是甚麼？這成為本案的焦點。

　　孫子的屍體嚴重腐爛，給法醫的判斷帶來了一定的難度。雖然屍體內臟瘀血、手指發紺，具備明顯的窒息徵象；但是法醫發現孫子的肺部沒有明顯的水性肺氣腫表現，雙手也都沒有抓握水草，尤其是屍體的胃內只有乾燥的食糜，而沒有任何溺液。

　　這些可以排除溺死的因素引起了法醫的高度重視，於是法醫對死者的口唇和頸部進行了細緻的檢驗，最終發現孫子的口唇是有損傷的。

　　最終，法醫確定，孫子是死於捂壓口鼻腔導致的機械性窒息，是死亡後被人拋屍入水的。殺害奶奶和孫子兩人的，另有其人。

　　經過縝密偵查，警方最終抓獲了犯罪分子。兇手是趁奶奶出門尋找孫子的時候溜門入室，然後潛藏在屋內的雜物間內。等到夜深人靜的時候，兇手出來開始行竊，卻被驚醒的奶奶發現。兇手上前掐死奶奶後，又到房裏捂死了孫子。

　　為了毀屍滅跡，兇手把孫子的屍體抬到河邊，丟棄進了河裏，但因為體力原因，無力再去搬動奶奶的屍體。

　　於是形成了上述的現場狀況。

＊　　　　＊　　　　＊　　　　＊

　　這個案子給我的印象非常深刻，再多的偽裝依然遮蓋不住真相。不要犯罪，只要犯罪就會受到法律的懲罰，而法醫就是維護法律尊嚴的一個職業。

自救
小劇場

小白： 「師父，我給你講個笑話吧！」

聶之軒：「你講。」

小白： 「一個數學家和一個哲學家坐船渡河。數學家問哲學家：『你懂數學嗎？』哲學家搖了搖頭，數學家說：『那你已經失去一半的生命了。』哲學家問數學家：『你懂哲學嗎？』數學家搖了搖頭，哲學家說：『那你失去一大半生命了。』正在此時，船翻了，船夫問：『你們會游泳嗎？』兩人紛紛搖頭，船夫說：『那你們失去全部的生命了。』」

聶之軒：「……好冷。其實，據統計，溺死的人並非都是不會游泳的。相反，有很大一部分人，正是因為會游泳，才會溺死。」

小白： 「這……這怎麼可能？」

聶之軒：「因為水性好，才會去『挑戰』未知的水域。然而，水下的情況很複雜，有甚麼雜物並不能全知道。在未知水域游泳的時候，水下的水草、漁網甚至是水底的淤泥，都有可能使會游泳的人無法施展自己的本事。而且，人在缺乏救生條件的水域裏游泳的時候，一旦發生肌肉痙攣或其他疾病，也就無力回天了。」

小白： 「感覺我要失去游野泳這一項業餘愛好了。」

聶之軒：「無論會不會游泳，一定不要去未知水域或者缺乏救生條件的水域游泳。即使是去未知水域邊釣魚，也要先檢查釣魚點附近的情況，看此處會不會塌陷，有沒有很滑的青苔，等等。」

小白：　　「這麼說，以後我還是坐船吧！」

聶之軒：「坐船一樣要注意安全。比如不能在船上玩耍，保持船身的穩定，嚴守乘船的規則。」

小白：　　「那萬一落水了，閉氣可以嗎？」

聶之軒：「如果是在水下，閉氣是必要的，可以延緩溺水發生的時間。」

小白：　　「那我以後只練習閉氣。」

聶之軒：「在安全的時候，我們盡可能水下閉氣時間不要過長。因為過度閉氣，會導致體內二氧化碳滯留，從而導致頭暈、意識模糊。如果因為閉氣時間過長，來不及或者無法控制自己去水面上方換氣的話，反而會加快溺水的發生。」

小白：　　「那萬一溺水，該怎麼做呢？」

聶之軒：「最重要的，還是要保持鎮定，要頭腦清醒地知道接下來該做些甚麼。如果有機會讓口鼻脫離水面，就要盡可能吸足氣，然後大聲呼救，並拍打水面。會游泳的人，如果是被雜物纏腳或者抽筋，則不能慌亂，不能拼命掙扎，要盡可能保持身體的平衡，然後緩和地掙脫雜物或者調整自己的肌肉，同時呼救。溺水者一旦被救，不可拼命抓住施救者的身體，而要全身放鬆，順從施救者的力量和牽引方向。」

小白：　　「我就是全身放鬆了，也不知道別人能不能拖得動我。」

聶之軒：「……所以你以後少吃點啊！」

CASE: 002

File Name:

無法醒來的「睡美人」

Cause:

中暑死

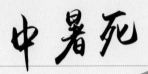

「這麼大的雨，要去哪裏嗎？」夏曉曦看了眼男友。

男友說：「我真是有事要做啊！」

「那好吧！我陪你去，我待在車裏等你就是了。」夏曉曦一直對自己的男友不放心，忍不住黏着他。

車開到了一個頂層露天停車場，雨彷彿小了一些。夏天就是這樣，陰晴不定。

「那我下去辦事，你在車上等我？」男友說。

玩了一夜遊戲的夏曉曦此時很是睏倦，她點了點頭說：「好的，我在車上睡一會兒。」

男友下車離去，走了幾步，想到車裏的夏曉曦帶着錢包，他思忖了一下，為了安全起見，用遙控器鎖起了他那輛二手車的門鎖。

時間慢慢流逝，大雨也逐漸停了，雲層散去，那酷熱的陽光再次顯現出來。不到半個小時的時間，地面的積水就被蒸發殆盡，停車場上的汽車引擎蓋上的水珠被蒸發成水蒸氣慢慢飄散。

夏曉曦好像做夢了，她夢見自己正在天空中飛翔，飛着飛着，她彷彿被一團火焰包圍了，她掙扎着想逃開，卻全身無力。慢慢地，她看見自己被火焰吞噬了。

男友只是離開了一個小時，等他重新開啟車門的時候，被眼前的景象驚呆了。夏曉曦軟軟地半躺在座位上，已經沒有了生命跡象。

男友顫抖着撥打了電話報警。

「你們胡説！這明明就是謀殺！」夏曉曦的父親對着聶之軒怒吼道。

夏曉曦的母親已經哭暈在現場。

聶之軒見慣了這種情況，淡淡地説：「你們的心情我可以理解，但是，從科學的角度看，只要能夠排除中毒，那麼這就不是一宗兇殺案件。」

「是啊，我們已經對車輛進行了檢測，車門中控鎖系統都是正常的。」痕跡檢驗員跟着説道，「如果是一個正常、有意識的成年人，是可以輕鬆地從裏面打開車鎖離開車輛的。」

「那她為甚麼沒有離開？這不肯定是兇殺嗎？」夏父説。

聶之軒説：「正是因為我們通過屍表檢驗，排除了其他可能的死因，結合死者的屍體現象，才確定死者很有可能是中暑死。這種死因是很難由他殺造成的。除非是兇手把死者困在密閉的環境裏，死者無法自行逃脱。所以，只要我們排除了死者是中毒，就可以排除這是兇殺，因為她可以自行逃脱。」

「那她為甚麼沒有逃脱？」夏父逼問。

「哎呀，都説這麼明白了，怎麼還不明白。」小白無奈地抓頭。

「要麼中毒，要麼就是處於昏睡狀態。」聶之軒不以為忤，認真地解釋道，「根據調查得來的情況，他們剛到這個露天停車場的時候，天上下着大雨，氣溫不高。這個時候，死者應該正在車裏睡覺。雨停後，立即轉為晴天，空氣溫度激增，車內溫度也激增。昏睡狀態的夏曉曦從睡眠狀態直接轉為熱射病的休克狀態，無力自行逃脱，所以中暑死。你想想，如果她的男友用這種方式殺人，他怎麼知道她正好沒有清醒就直接休克？他怎麼敢保證這樣殺人一定會成功？」

「所以，法醫在排除其他死因偽裝成中暑死後，案件性質就一目瞭然了。」偵查員説。

男友的冤屈被洗脱了，但之前還黏着自己的女友，卻已經再也不能回應自己，留給他的只有殘酷而漫長的夏日。

睡覺是向死亡的借貸，睡得愈多愈長，那麼還款期也愈長。

——阿圖爾·叔本華

案情剖析 中暑死 APPROVED

中暑主要分為熱射病和日射病。熱射病是指在高溫環境中，無防暑降溫措施導致的全身性損傷。日射病是指日光直射頭部時間過長引起的全身性損傷。

中暑，這個詞語我們並不陌生。在炎熱夏季，經常有人發生中暑。但很少有人知道，其實中暑是件比較危險的事情，中暑可以導致死亡。

環境溫度很高的時候，尤其是在密閉、濕度較高的空間時，身體散熱功能衰竭，熱量大量蓄積在體內，可能引起全身性損傷，甚至引起人體死亡。

中暑主要分為熱射病和日射病。熱射病是指在高溫環境中，尤其是密閉空間內，無防暑降溫措施導致的全身性損傷。日射病是指日光直射頭部時間過長引起的全身性損傷。

在熱射病的發展過程中，濕度也起到了一定的作用，濕度較高的環境裏，容易發生中暑。

中暑和環境因素、個人因素都有很大的關係。根據法醫學實踐中所見，很多中暑死的死者在生前最後一刻都是突然虛脫、喪失意識，這個時候會有高熱、潮紅、皮膚乾燥無汗等臨床表現同時發生。那麼，法醫怎麼確定死者是否為中暑死呢？

因為中暑死的屍體表現並不會有特異性改變，所以法醫在細緻觀察的基礎上，還要排除其他可能存在的死因。

如何判斷中暑死

首先，法醫會對屍表進行檢驗，排除死者顱腦損傷或身體其他部位遭受機械性損傷導致死亡。只要屍表沒有明顯損傷痕跡，這一點並不難。

　　其次，法醫會對屍體的口鼻、頸部、胸部等特殊部位進行檢驗，排除死者是被別人摀壓口鼻腔、掐扼頸部、按壓胸部導致的機械性窒息死亡。

　　再次，法醫會對屍體的心血、胃內容物進行毒物化驗，排除死者死於中毒，並且排除有安眠鎮靜類藥物等催眠的可能。

　　最後，法醫還會對屍體的器官進行切片處理，進行組織病理學檢驗，排除死者是因患有潛在性疾病導致的猝死。

　　排除了上述死因以後，法醫會結合現場進行初步判斷。中暑死發生的必然環境因素是高溫，如果不具備高溫環境，那就不能判斷為中暑死。

　　在排除其他死因，並且現場確實存在高溫、高濕、密閉等環境條件的情況下，法醫會對屍體進行進一步觀察、檢驗，發現支持中暑死的屍體現象。那麼中暑死會有哪些較為明顯的屍體現象呢？

中暑死的屍體徵象

　　首先，中暑死的屍體皮膚溫度較高且乾燥，同時伴有潮紅跡象。

　　其次，中暑死的屍體屍斑非常明顯，而且出現得早。

　　最後，也是較為有辨識度的，是對屍體的器官進行切片，進行組織病理學檢驗，在顯微鏡下觀察細胞結構的一些細微改變。

　　比如，死者小腦浦肯野細胞[1]數目會明顯減少，骨骼肌會有一些出血。

　　以上都是對診斷中暑死有參考價值的因素。結合之前說的排除法，那麼診斷中暑死也就不難了。

註釋

1 浦肯野細胞，是人類小腦皮質中最大的神經元，在運動協調中起着重要的作用。

上述案例中，夏曉曦因在一個密閉不透風的車內環境睡覺，未曾想到外界空氣溫度會迅速升高導致車內溫度增高，加上剛剛下雨，空氣濕度很高，所以她就直接從睡眠狀態轉變為中暑後的休克狀態，從而不幸身亡。

重症中暑發病急驟，如不及時搶救就會導致死亡。在炎熱的夏季，我們很可能會發現身邊的人或者路人出現急驟的中暑症狀，如果我們不出手相救，可能就會有一個鮮活的生命凋謝。佛曰，救人一命勝造七級浮屠。法醫説，生命是最可貴的東西，我們不僅要珍惜，更要尊重。

所以，在這裏告誡大家，夏天的戶外運動一定要有度，要經常補充水分，要避免在高溫、密閉的環境中長時間停留。否則可能一個不經意，中暑就會落在自己的頭上。

炎炎夏日，注意防暑降溫哦！

自救
小劇場

小白：「這天氣也太熱了，這麼熱的天還要到案發現場工作，我感覺我要中暑了。」

聶之軒：「沒搞錯吧？你坐在車裏，還開着空調，沒有太陽長時間直射頭頂，沒有長時間處於高溫環境，你中甚麼暑？」

小白：「師父，你這麼瘦，是體會不到我們胖子多穿了一件『脂肪衣』的感受的，好不好？」

聶之軒：「胖子易出汗，某種程度上，還更不容易發生中暑。中暑高發的人群是高溫環境下工作的重體力勞動者、老年人、嬰幼兒和體質弱的人，再就是產褥期女士以及患有心腦血管疾病等基礎病的患者。你說，你屬哪一種？」

小白：「謬論，謬論！我現在就覺得自己意識很模糊。」

聶之軒：「意識模糊？你還知道偷懶，怎麼就意識模糊了？」

小白：「師父啊！其實我也不是偷懶。我就是想說，我們這麼辛苦，上頭應該給我們一人發一點防暑降溫費，或者一人發兩個西瓜，治療一下我們這些『中暑』的患者。」

聶之軒：「先別說你的胃裝不下兩個西瓜，就算裝得下，如果你真的是中暑了，我也不能給你吃這麼多西瓜。」

小白：「為甚麼？中暑了不能吃？」

聶之軒：「中暑了，也要講究搶救的方法。對於一般中暑的患者，首先要給患者降溫。」

小白：「對對對，快拿西瓜給我降溫吧！」

聶之軒：「降溫可不是吃西瓜。正確的降溫手段是盡快將患者移至清
涼的地方，用涼的濕毛巾敷前額和身體，用電風扇或手扇使
其降溫。對於發病急驟的重症中暑患者，則要選擇陰涼的地
方讓其坐臥，抬高下肢，同時用上述辦法對患者進行降溫處
理。讓其喝一些清涼的飲料或者鹽水，但不可大量飲水。當
然，在做這些之前，首先要打電話召喚救護員來進行專業
救治。」

小白：「為甚麼不能大量飲水？中暑不就是脫水嗎？」

聶之軒：「大量飲水反而會造成體內水分和鹽分大量流失，導致水電
解質紊亂，甚至危及生命。」

小白：「這麼嚴重！好吧，師父，你果真是料事如神啊！我確實沒
有中暑。現在可以給我買兩個西瓜了吧？」

CASE: 003

File Name:

狗繩的秘密

Cause:

勒死

CONFIDENTIAL

夏曉曦從來不在乎自己暴躁的脾氣，尤其是在男友面前。她認為，男人就應該包容她的一切。

「你是個男人，有你這麼窩囊的嗎？甚麼事情都做不好，你還是個男人嗎？都二十幾歲了，還一事無成，你不覺得你是個 loser 嗎？」一點雞毛蒜皮的小事，就可以惹怒夏曉曦。她口沒遮攔地肆意辱罵着自己的男友。

「早知道你這麼沒用，我就去找李乘風了，和你在一起就只剩下窩囊事了。」夏曉曦愈罵愈帶勁。

李乘風是個一直默默追求着夏曉曦的男人，也就是說，他是她男友的情敵。這一句話激怒了男友，他其實是一個沉默寡言的老好人。但是老好人也有憤怒爆發的時候。男友順手拿下掛在牆上的狗繩，一下套住了夏曉曦的脖子。

掙扎，無謂的掙扎。幾分鐘後，夏曉曦的掙扎停止了，她臉色烏青，一動不動。

「殺人了，我真的殺人了。」男友突然冷靜了下來，但為時已晚。

接到報案後，警方抵達現場，發現夏曉曦懸掛在洗手間房頂的水管上，看上去像是上吊自盡了，懸掛着她脖子的，是一條狗繩。

「我下班後一回家，就看到她掛在這裏了。」男友一臉沮喪地告訴警察，「我們因為一點小事吵了架，真沒想到她會自殺！我對不起她啊！」

按照規定，所有的非正常死亡都必須經過法醫初步屍表檢驗，才能辦理火化手續。聶之軒和小白在接到警署警察的通知後，趕到了案發現場。

夏曉曦屍體被放下後，聶之軒熟練地檢查了死者頸部那深深的索溝[1]。

「她真的是上吊的嗎？」聶之軒抬眼看了看男友。

「是……是啊。」男友有些緊張。

「抓起來吧！」聶之軒朝警察揮了揮手，「是他殺死了夏曉曦。」

人是一根繫在動物和超人之間的繩子，也就是深淵上方的繩索。走過去危險，停在中途也危險，顫抖也危險，停住也危險。

——尼采

註釋

1 索溝，人體軟組織被繩索勒、縊後，皮膚表面受損、人死後形成局部皮膚凹陷、表面皮革樣化，會完整地保存下被繩索勒、縊時的痕跡。

案情剖析 ★★★ 縊死和勒死 ★★★ APPROVED

縊死和勒死，這是兩種完全不同的死法，雖然兩者的致死機制是一模一樣的。

在縊死和勒死這兩種死法中，死者都是因為繩索類物體壓迫頸部，導致呼吸道壓閉而機械性窒息死亡。

既然是機械性窒息死亡，那麼兩種死法的死者都會具有機械性窒息死亡的一些屍體徵象，比如指甲青紫、眼球突出、口唇青紫、心血不凝、眼瞼出血點、內臟瘀血、內臟表面出血點等。

在實踐中，當法醫懷疑死者是被勒死或者縊死時，首先要進行如下判斷：

1. 通過屍表和解剖檢驗，排除死者是顱腦損傷、其他重要器官損傷引起的機械性損傷死亡。

2. 通過屍表和解剖檢驗，排除死者是疾病致死。

3. 通過毒物化驗，排除死者是中毒致死。

在排除上述幾大類死因後，如果屍體有明顯的機械性窒息死亡徵象，則可以判斷死者是機械性窒息死亡。

機械性窒息死亡也有很多種方式，而縊死和勒死是其中兩種。

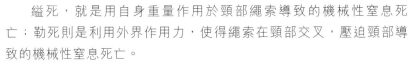

縊死和勒死的區別

縊死，就是用自身重量作用於頸部繩索導致的機械性窒息死亡；勒死則是利用外界作用力，使得繩索在頸部交叉，壓迫頸部導致的機械性窒息死亡。

在排除其他死因的情況下，法醫會首先判斷死者是縊死還是勒死。有個好的區分辦法：縊死，因為作用力來自死者的自身重量，所以位於屍體頭部較低位置的頸部就會着力較重（多見於下頜下），而較高位置的部位就會着力較輕（多見於耳後）。着力較重的部位

會呈現出深深的索溝，而着力較輕的位置，索溝會逐漸減輕直至消失。這一種現象被法醫稱為「提空」。法醫經常會這樣描述一個縊死屍體的頸部索溝：「死者頸部可見一索溝，繞頸一周。下頜下索溝較深，索溝在耳後提空。」

勒死就不同了。勒死是運用自己或者他人的力量，使得交叉在頸部的繩索收縮，壓迫頸部。既然是這個機制，那麼被勒死的屍體整個頸周受力是均勻的，所以索溝深淺會基本一致。

除了索溝的明顯區別，縊死和勒死還有一個明顯不同的成傷機制問題，那就是用力不同。縊死是依靠死者自身重量，其重量可以達到五十多公斤；而勒死是依靠人為用力，其作用力度會小很多。這個機制可以導致兩種死法有以下幾種屍體徵象方面的區別。

縊死和勒死的屍體徵象區別

🔍 頸部損傷

縊死的巨大下垂力，可以導致頸總動脈分叉下部血管內膜出現橫向裂傷。而勒死的作用力不是下垂力，而是環收力，所以不會導致血管損傷。

🔍 顏面和顱腦的徵象

縊死的巨大下垂力會同時壓閉頸部的動脈和靜脈，導致血液無法通過動脈供應上頭部，這樣就會出現屍體顏面蒼白、腦組織缺血的徵象。而勒死的力量一般只能壓閉靠近體表的靜脈，而無法壓閉深層的動脈，血液還可以繼續通過動脈供應上頭部，但無法通過靜脈回流。所以勒死的屍體會出現顏面青紫、腫脹以及腦組織瘀血的徵象。

🔍 脊髓損傷

尤其是在突然下墜的縊死案例中，屍體可能出現頸椎脫位、脊髓撕裂的情況，而勒死則不會出現。

除了上述索溝和力量的區別，繩索位置也會有區別。縊死的繩索一般都是沿着下頜走向的，位置較高，所以力量折斷的都是舌骨大角和甲狀軟骨上角。而勒死的繩索位置一般不會太高，都位於喉結附近，所以會導致甲狀軟骨和環狀軟骨縱向骨折。

既然都是機械性窒息，為甚麼要分清死者究竟是縊死還是勒死呢？

因為這有着非常重要的法醫學意義，分清縊死和勒死之後，就可以判斷死者是自殺、意外還是他殺了！

死亡方式的判斷不僅要參考法醫學意見，也要結合調查、現場勘查的情況。分清縊死和勒死，會給死亡方式的判斷帶來很重要的參考價值。

請注意以下用詞：

縊死，多見於意外和自殺，罕見於他殺。

勒死，多見於他殺，少見於自殺。

有了上面這兩句話，大家知道區別兩種死因的重要意義了吧！

尤其是在法醫判斷了死者是縊死的情況下，結合現場勘查和調查，基本就可以判斷死者究竟是死於意外還是自殺。

為甚麼縊死罕見於他殺呢？用縊死的方式殺人，真的那麼難嗎？

如圖 A（見後頁），這樣的身高差距是極為罕見的；如圖 B，這樣的做法勢必造成死者背部損傷，可以被法醫發現。即使是採用上述兩種做法勒死了別人，再偽裝自縊的現場，也勢必在死者頸部形成兩條走向不同的索溝，一樣會被法醫發現端倪。另外，那個要被勒死的大活人，不知道反抗嗎？即使反抗被你制服了，搏鬥過程中不會留下傷痕嗎？

有人說了，難道不能把人弄暈了再讓他縊死？理論上說確實可以，但是別忘記了，如果是下藥迷暈的話，躲不過警方的常規毒物化驗。又有人可能會說，用打暈的方法如何？打暈的話，頭部會有損傷被發現。

還有人説了，我先把人弄死，再偽裝一個自縊現場該不會露餡吧？看過我的書的讀者都知道，有個專業名詞叫作「生活反應」。頸部索溝有無生活反應，可以讓法醫們直接判斷出縊吊行為是在死者生前進行的，還是在死後進行的。而且，你先把人弄死，總要有個死因吧！你覺得哪種死因不會被法醫發現？

　　所以，天網恢恢，疏而不漏，法醫科學是可以輕鬆判斷此類案件的死因和死亡方式的。

　　最後，還要加注一句：縊死的力量來源於死者的「全部體重」或「部分體重」。為甚麼要這麼説呢？因為典型的縊死是我們常説的「上吊」——踩個凳子，用繩子掛住脖子，然後踢掉凳子。但也有很多非典型縊死，半蹲位、坐位、跪位、趴位等其實都是可以導致縊死的。在很多小學生意外縊死的案例中，上述體位時常出現。所以在生活中也要注意類似的安全隱患。

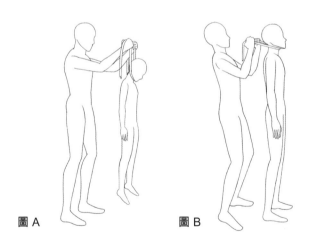

圖 A　　　　　　　　　　圖 B

自救
小劇場

小白：「師父，昨晚我看了齣恐怖片，看完後我有個疑惑。」

聶之軒：「甚麼疑惑？」

小白：「為甚麼恐怖片裏的吊死鬼都會伸出長長的舌頭？」

聶之軒：「在有的縊死案件中，繩索勒頸的位置比較低，在舌骨以下，這樣會因為下垂力推動舌骨，導致舌頭伸到口腔之外。所以那些看到過這一類縊死者的人，就會認為吊死的人的舌頭都吐在外面。這樣一傳十，十傳百，再加上潤色、加工，恐怖片裏的吊死鬼就都成了這個樣子。」

小白：「可是我們看到過的幾個縊死屍體，舌頭都沒伸出來啊！」

聶之軒：「在大部分縊死案件中，繩索是作用在舌骨上方的，所以並不會把舌頭推出口腔。不過，在勒死的案件中，倒是有不少死者舌頭伸到口腔外，或者位於上下牙列之間的。因為勒死的案件中，繩索更容易作用於舌骨之下。」

小白：「對了，我記得我小的時候，有個小朋友從後面拉我的頸巾，我當時不自覺地就伸出了舌頭。那種感覺，現在想一想都有些害怕。」

聶之軒：「是了，勒死和縊死，這兩種死亡案件中，有一大部分都是意外導致的。尤其在兒童群體當中，這種意外事件比較多發。小孩子玩耍，用跳繩的繩索或者頸巾勒頸，又或者是小孩子自己在家沒事做，用頸巾學上吊甚麼的，都是意外致死案例中比較多見的類型。這都是極其危險的。所以家長一定要從小就給孩子灌輸安全防護的意識，告訴孩子我們的頸部是有多麼多麼重要和脆弱，是不能用繩索去纏繞、縊吊的。」

小白：「我現在真的很想去找到我那個兒時的同伴，謝謝他的不殺之恩！」

CASE: 004

File Name:

天台迷蹤

Cause:

高墜死

CONFIDENTIAL

　　夏曉曦是聽從了同事的建議，才開始開戶炒股的。她的同事們平時上班時間幾乎都拿着手機，目不轉睛。據說，最近是很牛的牛市，很牛很牛。

　　從事財務管理工作七八年了，夏曉曦還是沒有多少存款，可能是因為她的開銷太大了吧。現在無疑是賺錢的最好機會。

　　「股市每天的漲跌幅[1]只有10%，憑着我那幾萬塊錢存款，甚麼時候才能發財？如果我能有100萬啟動資金，運氣好的話，一個禮拜我就能賺到100萬。」夏曉曦這樣想。

　　「上司經常會在我這裏支取一些公款，我為甚麼就不能支取一些，神不知鬼不覺地用一個星期？」夏曉曦又想。

　　百般思量，夏曉曦決定鋌而走險。

　　幾天後，夏曉曦幾乎崩潰。

　　滿盤的綠字[2]，卻只有夏曉曦選擇的那隻股票持續跌停。

註釋

1 漲跌幅，對漲跌值的描述，用 % 表示，漲跌幅＝漲跌值 / 昨收盤 ×100%。
　即當前交易日最新成交價（或收盤價）與前一交易日收盤價相比較所得到的數值，這個數值一般用百分比表示。當日最新成交價比前一交易日收盤價高為正，當日最新成交價比前一交易日收盤價低為負。
2 綠字，指股票上漲。

算起來，那 100 萬啟動資金，現在只剩下了 50 多萬。更糟糕的是，最近執法部門頻繁來公司調查，顯然是在查資金問題，甚至她的上司都被約談了好幾次。接下來，可能就要開始查帳了。

40 多萬，對夏曉曦來說顯然是個天文數字，現在該怎麼辦？

在執法部門通知公司進行對帳的那一天，夏曉曦的同事發現她躺在公司寫字樓的樓下，身下一片血跡，早已香消玉殞。

家屬接到夏曉曦死亡的噩耗後，情緒非常激動。在他們看來，夏曉曦這樣一個老實的孩子，絕對不可能存在經濟問題。執法部門頻繁調查夏曉曦的上司，會不會是因為上司存在問題，從而導致夏曉曦被上司滅口的呢？

轟之軒通過屍檢，排除了夏曉曦是其他原因導致的死亡。她的內衣崩裂、顱骨碎裂，頭部存在明顯的對沖性損傷，肝臟有破裂但出血並不多，屍體的全身損傷集中在一側。顯然，夏曉曦符合高墜死的特徵。

經過對夏曉曦的經濟調查，警方發現了她的經濟問題，她存在自殺的動機。通過現場勘查，確定夏曉曦的墜樓地點是公司寫字樓的頂樓。在那裏，警方發現了夏曉曦跳樓的痕跡：頂樓的水泥圍欄上，有夏曉曦的足跡和指紋。而在這一處痕跡的周圍，並沒有發現其他人的足跡，更沒有任何打鬥的痕跡。

結合調查、現場勘查和屍檢的結論，這是一宗自殺事件。

很多人想往上爬，卻失敗了，且永無機會再試——他們墜落而亡。

——喬治・馬丁

高墜是一種常見的自殺手段和意外事故，也偶見於他殺。

根據高墜死的現場，判斷是否為高墜死並不難；但因為種種原因，對高墜案件的性質產生懷疑的案例非常多見。

對於一宗死亡事件的性質進行判定，法醫判定學檢驗很重要，但並不是簡單地根據法醫學檢驗就可以判定的，對高墜現場也是這樣，必須要綜合走訪調查、現場勘查和法醫學檢驗諸多結果，才能對案件性質做出準確判定。

遇到高墜死的現場，對於法醫來說，首要任務就是要搞清楚死者是不是死於高墜。如果是死於高墜，那就能進行下一步工作；如果是死亡後再從高處被拋屍，性質自然完全不同。

高墜死的徵象

衣着特徵

高墜死的屍體經常因為着地瞬間的巨大衝擊力，而出現衣、褲、鞋、帽的撕裂，衣縫的崩裂，鈕扣的崩脫，皮帶、內衣的斷裂等。這樣的現場，對死者家屬來說，經常不能理解：「如果不是強姦，為甚麼衣服會被撕裂呢？」然而，法醫可以判斷出這種衝擊力形成的撕裂和人為造成的撕裂的不同，這一點不展開細說了。

頸部損傷

高墜死的死者，因為在空中的過度伸屈，可能出現頸部深層肌肉出血，這會讓死者家屬認為是被掐頸所致。如何和掐頸區分呢？主要是看頸部皮膚和淺層肌肉有無出血。這種分辨也不難。

體表損傷

高墜時，若在墜落過程中沒有受到遮擋物的阻礙，那麼體表損傷會比較少，有時僅有輕微擦傷，有時只在墜落點有皮下出血。如果身體在空中過度伸屈，可能會出現平行的淺表的皮膚伸展創[3]。

骨骼和內臟損傷

因為高墜的巨大衝擊力，多發性骨折、顱腦損傷和內臟破裂通常成為高墜的主要損傷和死因。但因為死亡迅速，長骨骨折、肝脾破裂處出血量會非常少，容易被誤認為是死後損傷。高墜過程中，由於臟器的牽拉作用，大血管、腸繫膜等有時會牽拉出血，飽滿的胃有時會破裂。

其實，生前高墜和死後拋屍的分辨很容易，重點是觀察損傷處有無生活反應。當然，剛才也說了，即使肝脾破裂、長骨骨折處出血少，也不能完全斷定沒有生活反應，應該綜合屍體全部損傷，尤其是着地點處的損傷判定。

還有就是，死後拋屍的，必須有除了高墜以外的死亡原因。如果完全符合高墜死的特點，沒有其他的死因，那麼肯定可以排除是死後拋屍了。

法醫病理學總結了高墜死的五大特點：（1）外輕內重。（2）損傷廣泛，多有骨折和內臟破裂。（3）多處損傷必須能用一次暴力解釋完。（4）損傷分佈有規律，比如身體的某一側、頭頂部或腰骶部損傷。（5）長骨骨折、肝脾破裂處出血少。

高墜死的鑒定要點很多，這裏不可能面面俱到，只說了皮毛。大家更關心的，應該是怎麼判斷高墜死的案件性質。前面也說過，這個不能靠法醫一個專業來解決。尤其是痕跡檢驗，是確定案件性質的一個非常重要的支撐點。一來我不太懂痕跡檢驗學，二來說出

註釋

3 皮膚伸展創，當皮膚組織受極大的牽拉，牽拉力超過皮膚的抗拉極限時，皮膚沿皮紋裂開形成表淺而小的撕裂創。

來可能會教給犯罪分子鑽空子的技巧。所以，這裏我就不說痕跡方面的問題，專說法醫學。

其他高墜死的假設

有朋友問，昏迷的人被人從高處拋下，和清醒的人自己從高處跳下，有辦法區分嗎？

這個問題很簡單。人為甚麼會昏迷？自然要有原因，比如機械性窒息、藥物作用、顱腦損傷等。這些能夠導致昏迷的因素，會被法醫很輕易地發現（比如窒息會有相應損傷和窒息徵象，藥物可以通過毒物化驗檢出，顱腦損傷會有孤立於高墜傷以外的人為損傷）。如果程度足夠嚴重，自然要懷疑是昏迷拋屍的案件，然後再通過其他手段驗證。

又有朋友會問，如果是自己無緣無故地昏迷了，被別人拋下呢？如果這樣，法醫學就沒有辦法解決了。當然，這種假設也不科學。

還有朋友問，如果是兇手趁人不備把死者從高處推下呢？這和死者自己跳下去有甚麼區別嗎？

這種情況，要看具體的案例了，有的時候是可以被法醫發現的，但是那樣的情況是要具備很多條件的，不適用於所有案件。所以這種情況的發生有可能無法通過法醫學檢驗判斷出來。畢竟法醫是人不是神啊！那判斷不出來怎麼辦？別忘了，命案偵破工作不只靠法醫手段，開頭就說了，還有很多別的手段哦！

另有朋友問，如果是幾個兇手強行把死者控制住，然後從高處扔下呢？

只能說，這種手段真的不容易，一個大活人，在臨死前的求生慾望會激發無窮的潛力，想強行把人扔出去不是件易事。法醫可以通過死者身上有無明顯的抵抗傷、約束傷來判斷死者死亡前有沒有抵抗、有沒有被約束。當然，痕跡檢驗部門也會通過自己的專業印證法醫的推斷。

　　總之，通過高墜的手段殺人的情況雖然不是沒有，但很少見。通過高墜的手段殺了人還想不被法醫以及其他偵查、技術人員發現，更是難上加難。我不排除有因為辦案人員工作不細緻導致隱案[4]發生的情況，但是我堅決相信，世界上沒有完美犯罪。

註釋

4 隱案，指已經發生且夠立案條件，但由於執法部門沒掌握案情而沒有立案
　的案件。

自救小劇場

小白： 「哎呀！」

聶之軒：「怎麼了？一驚一乍的。」

小白： 「打遊戲的時候從懸崖上掉下去了，摔掉了一大半血呢！」

聶之軒：「如果是真的在生活中從懸崖上掉下去，就沒命了好不好？遊戲不能玩得太癡迷，電視也不能看得太癡迷。我聽說了一則新聞，說是一個孩子學哈利波特，騎着掃把就從陽台上跳了下去，然後就沒有然後了。」

小白： 「放心吧，師父！像我這種畏高症患者，高的地方我都不會去。」

聶之軒：「對。溺水發生的時候，如果操作得當，又有人施救，還是有很大機會生還的。但是一旦高墜發生了，就只能聽天由命了。所以，最好的辦法就是盡可能減少去那些沒有設置防護措施的高處。要知道，消防部門經過統計發現，從三層樓高度的高處跌落，生還的概率就比較小了。」

小白： 「從我們法醫學實踐的角度看，似乎也是這樣。而且，除了自殺，意外高墜死的事故還真是不少見呢！」

聶之軒：「確實是。而且，這些慘劇其實都是完全可以避免的，只要防範措施得當。」

小白：「高墜也能防範？」

聶之軒：「當然！你想想，如果那些行山人士在完全了解山路狀況的情況下去『探險』，就不會滑落山坡以致高墜死亡了；如果學校在高樓層走廊處安裝防護欄，就不會有玩耍嬉戲的學生從高處走廊跌落了；如果家長們在自己家的窗戶上安裝了防護欄，就不會有孩童從窗戶上跌落了；如果高空作業的工人都按照安全規則行事，攀登高處時使用安全繩，就不會發生那麼多高墜的安全事故了。」

小白：「師父你這樣一說，還真是。為了我未來孩子的安全，我今天下班就去定做防護欄，讓我家的窗戶都安全起來。」

聶之軒：「那你先找個女朋友，好不好？」

CASE: 005

File Name:

熾熱的雪夜

Cause:

凍死

CONFIDENTIAL

天氣越來越冷了，北方都飄起了雪花。

夏曉曦最近升職了，成了公司行政部副經理。因此，她的活動還真是有點多。除了參加各種婚禮等活動，還要接受同事、朋友、親戚們的祝賀，各種喝酒，各種嬉鬧。

今天，她的閨密又召集了一班好朋友，共同來祝賀夏曉曦的升職。席間，杯來盞去，不知不覺，夏曉曦已經雙眼矇矓。

不知道甚麼時候，酒席結束了，夏曉曦隱約記得有朋友想送她回家，被她拒絕了。

「我可是行政部的副經理！我怎麼會喝多？我絕對不會喝多。」夏曉曦依稀記得自己是這樣說的。

可是她心裏知道，她這是打腫臉充胖子，她似乎已經分辨不清方向，也似乎已經邁不動自己的雙腿了。

她內心告訴自己：我的家離這裏很近的，很近很近的，只要再堅持一會兒就可以走到。堅持住，很快就到家了。

可是……為甚麼走了這麼久還沒到家？為甚麼周圍的樹木和樓房看起來這麼陌生？為甚麼人流、車流越來越稀少？哎呀！真的是走不動了，這裏有片草地，在這裏歇一會兒再走吧，歇一會兒就能走動了，就能到家了……

天氣好像越來越熱了，不對啊！現在都已經入冬了，今天還下雪了，難道這裏有空調嗎？太熱了，太熱了，不行了，我要脫衣服，我要脫……

第二天清晨，清潔工人報案，綠化帶裏居然躺着一具幾乎全身赤裸的女屍！

死者的衣服凌亂地散落在屍體周圍，屍體上只穿有內衣和內褲。

一則「公司經理裸死綠化帶」的新聞很快沸沸揚揚地傳到了城市的各個角落。

聶之軒在第一時間趕到現場，出勘這一宗被初步定性為「強姦殺人」的案件。經過現場勘查，屍體周圍並沒有其他人的足跡或其他痕跡。

「這種案件，很容易引起炒作。」聶之軒對小白說，「所以說，我們對原始現場的固定工作必須做得非常細緻。」

「可是，屍體周圍甚麼痕跡也沒有啊！」小白說，「難道兇手是飛過來作案又飛走的嗎？」

現場檢驗完屍體，聶之軒和小白又去解剖室裏對屍體進行了全面、細緻的解剖。死者臉上帶着一種極其詭異的笑容，皮膚上遍佈雞皮疙瘩，被解剖的胃裏有很多條紅色的出血帶。

最關鍵的是，經過屍體解剖檢驗，排除了死者被性侵的可能性，同時也排除了死者是機械性損傷、機械性窒息和中毒死亡的可能性。

「這不是一宗命案。」雖然家屬強烈反對，但聶之軒還是直接而果斷地告知了結論，「這是一宗意外事件，死者的死因是凍死。」

鏡中的雪愈發耀眼，活像燃燒的火焰。

——川端康成

判定為凍死是要有條件的。即使具備個別凍死的徵象，在不具備條件的現場，也是不能診斷為凍死的。

　　前幾天，有個朋友在問我關於凍死的法醫學鑒定問題，這確實是一個不太多見，又容易引發爭議的死因。雖然我在冬天騎車，常常會有一種差點被凍死的感覺；但即使是在三九嚴冬這樣天氣極度寒冷的日子，也不至於那麼輕易地被凍死。

　　那麼，凍死究竟是怎麼一回事呢？

　　很多讀者難以想像凍死會在甚麼環境、甚麼情況下發生。其實，從法醫的角度看，凍死，並不像大家想像的那麼少見。尤其是在中國北方地區，更為常見。在中部地區的冬天，也時有發生。

凍死的條件

　　首先，判定為凍死是要有條件的。即使具備個別凍死的徵象，在不具備條件的現場，也是不能診斷為凍死的。我曾經看過一個法醫的報告，説是在氣溫 7℃的室內，穿着棉毛衫褲、皮褸的人，被診斷為凍死。這讓我説甚麼好呢？

　　眾所周知，凍死是在氣溫寒冷的條件下才會發生。室外常見，禦寒衣物不足時常見，水中常見。水的導熱速度大約比空氣快 25倍，正常人浸在 0℃的冰水裏，半個小時就可以被凍死。所以大家這下知道為甚麼在迴腸盪氣的愛情電影《鐵達尼號》裏，Rose 沒死，Jack 卻死了吧？

　　另外，除去環境條件，凍死的個體差異非常大。比如老年人、患有糖尿病或營養不良的人更容易被凍死，瘦子比胖子更容易被凍死，飢餓、疲勞者更容易被凍死。

　　值得一提的是，在凍死案件中，酒精是一個影響比較大的因素，曾經出勘的幾個現場，都是喝了酒的人被凍死的。這究竟又是

甚麼原因呢？

飲酒過量，血流增加，會讓人產生溫暖感，並在主觀上減少衣着，導致熱量更易散發。深度醉酒者，體溫調節中樞被酒精麻痹，同樣易被凍死。尤其是很多喝了酒的人，不知不覺就在路邊睡着了，遇上冬天，就更容易被凍死。最後一點，才是重點。

那麼，凍死都有甚麼特徵性或非特徵性變化呢？法醫又該如何判斷死者是不是被凍死的呢？

凍死的特徵

衣着

很多朋友都知道，在凍死者中常常會出現一種叫作「反常脫衣現象」的情況。就是凍死的人多見全身裸露，或將衣服翻起、暴露胸部，或僅穿內衣褲。這個可能是體溫調節中樞被麻痹，出現幻覺熱感所致。出現了幻覺熱感後，當事人會主動把衣服脫掉。有些生活習慣特別好的當事人，還會把衣服疊整齊了放在身邊。

這樣的凍死現場，看上去會非常像強姦、殺人現場。我也見過因為不了解反常脫衣現象，而認為死者是被強姦、殺害，不服凍死結論反覆上訴的案例。這也是上面我們說的故事裏的癥結所在。

體表和皮膚

當我們感到寒冷了，皮膚上會出現雞皮疙瘩。同理，凍死的人身上也會出現雞皮疙瘩。但是，起雞皮疙瘩不是凍死獨有的特徵性改變。很多溺死、猝死、機械性窒息的屍體也會出現；有些人在冬天被掀起衣物進行胸外按壓搶救的時候，因為有瀕死期的反應，所以胸腹部也會出現雞皮疙瘩。另外，因為超生反應[1]，甚至很多屍體

註釋

1 超生反應，指軀體死亡後，構成人體的組織、細胞和某些器官仍可保持一定的生理功能，對刺激能作出一定的反應。比如在斷頭後一分鐘眼球可以運動，在死亡後兩小時，肌肉受到機械刺激還會收縮。

死後被冷凍時，也會出現雞皮疙瘩（不可思議吧？但這是事實）。我上面說的那個法醫誤診的案件，就是以雞皮疙瘩作為凍死的特徵性改變的依據，這是明顯錯誤的。

除此之外，凍死的屍體陰莖、陰囊、乳頭往往也會有縮小的現象，還可能在皮膚上出現凍傷。

🔍 面容

凍死的屍體，面部表情似笑非笑，被稱為苦笑面容。我看過的幾個凍死現場都是這樣。要問原因，我真不知道。可能是和人體面部的肌肉受冷收縮有關吧！

🔍 屍體現象

凍死者的屍斑呈鮮紅色或淡紅色；同樣，這樣的屍斑也不是凍死獨有的特徵性改變。此外凍死者的屍僵發生遲，消失慢，強硬。

🔍 器官改變

將凍死者的內臟組織取下切片後進行病理學診斷，可能會發現每個器官都有特異性改變。其中值得一提的是消化道的糜爛，胃黏膜下會出現彌漫性斑點狀出血，沿血管排列，顏色呈暗紅色、紅褐色或深褐色。

以上說的都是一些凍死的特徵。但我覺得，法醫在判斷是否是凍死的時候，不僅要觀察以上特徵，更應該排除死者是損傷、窒息、中毒死亡等的可能性，防止犯罪分子偽裝凍死的現場和屍體現象。

除此之外，要進行病理診斷，排除死者是疾病導致的猝死也是很重要的。因為很多猝死都是一些潛在性疾病被一些因素誘發急性發作導致的，寒冷也可以作為誘發猝死的因素。

所以我主張要在具備凍死條件的環境下，確定死者具備凍死的徵象，且不存在潛在性疾病，排除其是損傷、窒息、中毒死亡以後，才能下凍死的結論。

自救
小劇場

小白： 「這天氣也太冷了，我手都凍傷了，離凍死也不遠了，這天氣真沒法做事。」

聶之軒： 「你這手上不過只有一個凍瘡而已。凍瘡屬Ⅰ度凍傷，後面還有更嚴重的Ⅱ度、Ⅲ度、Ⅳ度，這離凍死還遠得很呢！」

小白： 「師父！你也太不會心疼人了！我這凍傷在手上，影響工作呢！」

聶之軒： 「局部凍傷都是末梢血液循環障礙而導致的，所以都會發生在手、腳等肢體末端。發生凍傷的原因，有可能是活動較少、鞋襪過緊等因素導致的末梢循環障礙，也有可能是疲勞、虛弱、失血等因素導致的人體的溫度調節能力下降。Ⅲ度、Ⅳ度凍傷會造成組織壞死，危害較大；但是你這個Ⅰ度凍傷，並不是大事，組織是可以自我修復的。」

小白： 「可是我明明凍得心跳都加速了。」

聶之軒： 「你心跳快估計是想到了心儀的女孩了吧？凍死者在臨死前是心跳過緩的。而且，在現代小康社會，如果你不是流浪漢，不是居無定所，並沒有那麼容易被凍死。在我們法醫學實踐中，現代社會遇見的凍死，多見於三種情況：一是居無定所的人。二是在冬季離家出走或者在山區迷路的人，只要杜絕獨自一人去未知野外，是可以有效防範凍死的。三是喝酒後的人，這也是現代社會最常見的發生凍死的情況。」

小白： 「喝酒不是可以取暖的嗎？」

聶之軒： 「飲酒加快血液循環，所以會給人暖和的假像。其實飲酒加快了人體的散熱，並不會起到取暖的效果。如果處於寒冷環境中，反而會加快凍死的過程。」

小白： 「這麼說，防範凍死只有一種最好的辦法了。」

聶之軒： 「甚麼？」

小白： 「多吃點東西，加厚我們的脂肪。」

聶之軒： 「你又在為吃找藉口嗎？」

CASE: 006

File Name: 「光腳」的妻子

Cause: 電擊死

　　已經連續兩天打不通夏曉曦的電話了，夏媽媽實在無法放心得下。女婿説自己已經出差三四天了，也一樣打不通夏曉曦的電話。不過，女婿還説了，作為全職太太的夏曉曦，最近迷上了打麻將，出門也不喜歡帶手機，兩天打不通電話，也正常。

　　即使是這樣，夏媽媽還是很擔心。她和夏爸爸商量，是不是要去看看女兒。如果沒事的話，就算是去女兒那裏玩兩天好了。

　　商量好了後，夏媽媽和夏爸爸立即踏上了旅程。

　　家裏的門緊鎖着，怎麼叫門都沒有回應。好在他們還記得，女兒説過，管理處那裏有備用鑰匙，可以叫他們來開門。

　　在確認了夏爸爸、夏媽媽的身份後，保安取出了鑰匙，打開了夏曉曦家的大門。

　　眼前的景象簡直讓人難以置信！

　　夏曉曦躺在客廳的地板上，旁邊放着一個熨衣板，電熨斗拖着長長的電線散落在夏曉曦的身旁。

　　雖然是嚴冬，但是屋內因為開着暖風機，所以非常暖和。在這個溫度高而不透氣的客廳裏，夏曉曦的身上已經出現了綠斑。

　　不用説，夏曉曦已經死了，而且屍體已經腐爛了。

　　在夏媽媽呼天搶地的哭嚎聲中，保安撥打了電話報警。

　　「電擊嗎？」小白一進現場就問道。

聶之軒全身一顫。

局裏的老同事都知道，聶之軒的殘疾，正是電擊導致的。

多年前，聶之軒還是一個初出茅廬的年輕法醫。他在出一個非正常死亡事件現場的時候，明明懷疑死者是死於電擊，卻大意地沒有做任何防護措施。翻動屍體的時候，他身體的右側面接觸到了高壓電，產生了極高的焦耳熱，右側肢體瞬間被高溫灼毀，劇痛讓他頓時暈厥，好在旁邊的同事及時救助，他才撿回來一條命。不過，聶之軒右側胳膊和膝蓋以下的腿，因為組織壞死沒有康復的可能，所以就只能截肢了；後來，就換成了現在的機械臂和機械腿。

小白不太知道這個故事，他擔憂地扶了扶臉色蒼白的聶之軒。

聶之軒很快恢復了正常，他低聲説道：「先斷了現場的總電源再檢驗。」

「這有問題啊！」聶之軒初步檢驗了屍體，和身邊的小白説，「死者的衣着是完整的，門窗都是完好的，閉路電視也顯示沒有其他人去管理處拿鑰匙來開她家門。看起來，這是一個封閉的現場。」

「嗯，然後呢？」小白也知道這是一個封閉現場，但不知道聶之軒這句話是甚麼意思。

聶之軒指着死者赤裸的雙腳説：「你看，兩隻腳上都有電流斑！又沒有其他損傷，顯然是電擊死。」

「那就好辦了呀！」小白説，「你看這熨衣斗的電線有問題，外面包裹的塑料已經老化了，有一段電線根本就沒有塑料的保護，幾乎是暴露在外面的。可能是死者在熨衣服的時候，不小心踩上了電線，被電擊死了。」

「可是，問題就在這裏。」聶之軒説，「現在死者赤足是因為我去除了她的鞋襪，不過原始現場死者穿着的是尼龍襪子和塑料鞋子。這些都是絕緣物啊！那麼電流是怎麼越過這些絕緣物，電到死者的？」

「這……」小白説，「難道是殺人後偽裝？不過，檢驗部門通過現場勘查證實，除了死者、她丈夫、她父母和那個保安的痕跡，沒有其他人的痕跡了。」

「而且還是個封閉的現場。」聶之軒說,「那麼,不出意外,兇手就是那個假稱出差的丈夫了吧?」

經過警方的偵查,發現夏曉曦的丈夫雖然確實出差了,但是出差時間是在兩天之內,也就是夏曉曦死亡以後,而並不是他自己說的三四天。通過審訊,夏曉曦的丈夫很快就交代了因為移情別戀而殺害妻子的事實。

兩天前的晚上,夏曉曦的丈夫趁她熟睡之際,用電線兩頭分別接觸夏曉曦的雙足,從而導致她受到電擊死亡。隨後,他給夏曉曦穿好衣服,製造了一個意外電擊死的現場。

人的一生就有如電光火石般,轉瞬即逝。

——柴靜

電擊死的最好辨認方法就是電流斑，還有皮膚金屬化、電擊紋等其他電擊死的特徵。

電擊死其實並不少見，但像故事中那樣用於殺人的倒是不多。大多數電擊死都見於意外事故和自殺案件。

從小爸爸媽媽就讓我們遠離電源，因為小小的電插口，有可能是致命的利器。那麼，電這個東西是怎麼導致人體死亡的呢？

電擊死的死亡原因

1. 電流經過心臟時，心肌細胞的興奮度平衡被打破，起搏點也紊亂了，最終導致的結果就是心室纖顫和心力衰竭。電流強度過大的時候，可以直接導致心搏驟停。

2. 電流進入人體後，直接作用腦幹的呼吸中樞，導致呼吸中樞麻痹。這個控制人自主呼吸的部位一旦麻痹，人的呼吸就立即停止。在一定的時間內，如果不對受害人進行有效的救治，其就會因為窒息而死亡。但如果搶救及時，很多人可以挽回生命。

3. 有過電擊經歷的人會知道，遭電擊後，會甩不開手中的電線。主要原因是電流會導致肌肉強直性痙攣，不聽使喚。那麼，負責控制我們呼吸的肌肉——呼吸肌，也會因為電流的作用而痙攣。即使我們的大腦還在控制我們呼吸，但沒有了肌肉的支持，一樣會發生窒息而死亡。

4. 被高壓電擊的人，也可能直接死於電燒傷及其繼發的休克、脂肪栓塞或者器官破裂。

很多朋友有這樣一個誤解，就是被電擊時電壓愈高，人死得愈快。其實不然。與低壓電相比，高壓電（1000V 以上）引起的休克反而容易救治。高壓電的危險主要是使衣物燃燒、組織燒傷。而低壓電則作用於心臟，導致心室纖顫和心搏驟停。那麼，法醫該如何認定電擊死呢？

電擊死的特徵

其實電擊死的最好辨認方法就是電流斑。一般電擊案件中，在屍體上都會找到電流斑。電流斑是一種特殊的損傷形態，是電流通過皮膚的時候，因為熱和電解作用在皮膚上形成的一種特殊損傷。其一般呈圓形和橢圓形，中央凹陷，周圍隆起，邊緣鈍圓，和周圍組織分界清晰，質地堅硬，呈灰白色或灰黃色，類似於火山口一樣。

電擊死的屍體上通常會出現一兩個電流斑，偶爾也會出現多個。常見部位依次為手指、手掌、前臂、足底、胸、肩、頸側、小腿和足背。也有隱蔽位置，如頭頂、下腹處，這樣的電流斑必須通過仔細屍檢才能被發現。

在顯微鏡下，電流斑部分基底層細胞的細胞核縱向伸長、變形，呈柵欄狀排列。肉眼難以分辨是否是電流斑時，可通過組織病理學檢驗確診。也有個別法醫把痣、瘡等生理病理特徵或小片狀擦傷誤診為電流斑。

總之，電流斑是診斷電擊死的最重要特徵。除此之外，還有皮膚金屬化（高溫下，電導體的部分金屬物質會熔化沉積到皮膚上）、電擊紋等其他電擊死的特徵。但診斷死者是電擊死，還必須排除其他比如機械性損傷、機械性窒息、中毒等死因，才可綜合確定。

可見，在確定了觸電現場、觸電屍體特徵等情況後，法醫判斷死者是否為電擊死，並不是一件難事。

在實踐案例中，法醫不僅要判斷死者是否為電擊死，更要判斷電擊死現場是否符合意外或自殺的案件性質特徵，以幫助專案組確定案件性質。

　　首先，法醫要排除觸電現場的一切疑點，所有的合理懷疑都應該有合理的解釋。其次，法醫和現場勘查人員應該對現場進行全面、細緻的檢查，發現或者排除有其他人作案的痕跡。最後，法醫要對屍體的附加損傷進行檢驗，發現是否有約束傷、威逼傷或者抵抗傷，分析死者在觸電之前有無搏鬥、抵抗的痕跡。

　　有了法醫和現場勘查人員的結論，再結合偵查部門對死者生前活動情況等的調查，這樣確定下來的案件性質，一般就萬無一失了。

自救小劇場

聶之軒：「小白，你踩着凳子在做甚麼？」

小白：　「辦公室的光管壞了，我來試一試修好它。」

聶之軒：「你切斷電源了嗎？」

小白：　「哎呀！我忘了。」

聶之軒：「你看看，多危險，我們日常用電可真是要注意安全啊！」

小白：　「知道了，不懂電工知識，就不要貿然維修家中的電器，即使是要維修，也一定要切斷總電源。」

聶之軒：「不僅如此，家中的線路一旦出現故障，一定不要怕麻煩，要找專業人士來檢修。尤其是房屋年代久遠，電線老化，就更危險了。家中選用電線，也一定要選質量過關的；對於有孩子的家庭，也要在一些孩子可能觸碰到的插座上安裝絕緣卡扣。」

小白：　「我記得我們上次還出了一個在暴雨中被電擊死亡的案子，對吧？」

聶之軒：「是啊！除了家中用電的安全防範，也要防範公共區域電擊事件的發生。比如要教育孩子們在玩耍的時候，遠離那些店舖門口的燈箱，我們經常會遇見孩子被燈箱電線電擊的案例。還有，在下雨的時候，一定要遠離供電線路和變壓器，不要在電線杆、路燈、信號指示燈等用電公共設施或者是金屬廣告牌附近避雨。尤其是在暴雨、水浸之後，盡可能避免蹚水而行。」

小白：　「高壓電線雖然位置高，但是也有觸電的可能，對吧？」

聶之軒：「我就是被高壓電電擊導致了殘疾。我們外出釣魚、放風箏
　　　　的時候，一定要切記遠離高壓電線。我們經常會遇見因魚
　　　　線、風箏線觸碰高壓電線而觸電的案例。」

小白：　「……聽起來好恐怖啊！我要是觸電了，師父你一定要救
　　　　我啊！」

聶之軒：「如果發現別人觸電，要在首先保障自己安全的情況下才能
　　　　去解救。如果知道總電源位置，立即切斷電源是最優方案。
　　　　如果不明確電源位置，則要用絕對絕緣的物體，想辦法讓觸
　　　　電者離開觸電源頭。在解救下來後，如果觸電者有呼吸、心
　　　　跳，就將其放平休息，減輕其心臟負擔；如果呼吸、心跳已
　　　　經停止，則要立即進行心肺復蘇。當然，在此之前，要及時
　　　　撥打電話求救。」

小白：　「有個會急救的師父，我突然覺得安全了很多。」

聶之軒：「為了讓我安全很多，你用心點學吧！」

File Name:

碎屍式自殺

Cause:

碎屍

CONFIDENTIAL

　　夏曉曦是一個多愁善感的姑娘,總是因為一些小事而不知所措。尤其是感情問題,她總是拿捏不好分寸。在漫長的戀愛過程中,她不知道鬧過多少次分手,鬧過多少次自殺。終於有一天,她的男友徹底受不了。

　　在又一次提出分手以後,男友就關了機。等到他再次開機的時候,除了收到無數條來自夏曉曦的語音留言,還有幾條警署的來電提醒訊息。

　　男友知道出事了。

　　事發在夏曉曦曾經和男友同居租住的屋苑裏,他們住在 20 樓。男友抵達現場的時候,被眼前的景象驚呆了。地面上有一具屍體,俯臥在地,沒有頭顱。而在屍體不遠處的草坪中,居然有一個血淋淋的頭顱,那不是別人,正是夏曉曦!

　　男友被嚇得坐在了地上,一時不知所措。而身邊一個婦女,原本正坐在地上嚎哭,此時卻翻身起來,奔跑過來一腳踢翻了他。

　　「你這個畜生!你居然殺了她!還碎了屍!」一邊咆哮着一邊瘋狂踢打他的婦女,正是夏曉曦的母親。

　　「不!不!不是我!」男友意識到自己成了犯罪嫌疑人,嚇得語無倫次,「我是冤枉的!我沒有殺她!我怎麼可能殺她?」

　　小白見狀上前及時拉開了兩人,說:「別着急,我們還在調查事情的原委。」

「有甚麼好調查的？就是他殺了曉曦！」夏母叫道。

「現場勘查和屍檢都沒有完成，我們還不能認定這是一宗他殺案。」小白說道。

夏母瞪着小白：「你說甚麼？有種你再說一遍！不是他殺！難道自殺也可以碎屍嗎？難道是夏曉曦自殺了以後，又碎了自己的屍體嗎？你不是法醫嗎？有你這麼黑心的法醫嗎？」

「黑心？」小白指着自己的鼻子，氣得滿臉通紅。

「他並不黑心，你的女兒真的就是自殺。」聶之軒脫下手套走了過來。

「放屁！」夏母叫道。

「你聽我說，」聶之軒說，「經過調查，死者剛剛失戀，而且有多次自殺史，她具備自殺的心理動機。」

「鬧過自殺的人就會真自殺嗎？你這是甚麼道理？」夏母哭着說。

「你冷靜點。」聶之軒說，「我們通過現場勘查，發現死者原來租住的房屋窗戶，就是起跳點。這個窗戶的窗沿處，只有夏曉曦一個人的足印，可以排除她跳樓的時候有其他人在場。」

「現場痕跡有可能是偽造的呀！他把曉曦弄暈了，然後偽造了現場，再碎屍。」

「不可能，死者高墜的時候，碰到了 7 樓伸出來的晾衣架，才導致身首異處，而不是別人碎屍的。從傷口的形態和 7 樓晾衣架的血跡可以斷定這一點。」聶之軒說，「而且死者身上沒有任何抵抗傷和約束傷，也沒有中毒、窒息、顱腦損傷等可以致暈的痕跡。所以只能是她自己跳下來的。」

「我不相信！我不相信！」夏母叫道，「自殺也可以碎屍嗎？」

「可以的。」聶之軒斬釘截鐵地說，「我負責任地告訴你，可以的！」

這世上有一條路無論如何也不能走，那就是歧途，只要走錯一步結果都會是粉身碎骨。

——宮崎駿

碎屍不一定是他殺案件，很多自殺、意外死亡的死者，選擇的（受到的）致死外力作用，是會使其「被碎屍」的。

　　在許多驚悚犯罪題材影視劇中，不乏對碎屍案件的描寫。經過這類影視劇的渲染，大多數人知道，碎屍案件一般都是很嚴重的案件，是犯罪分子精心謀劃的案件。

　　在這樣的案件中，法醫發揮的作用也是很大的。在接到碎屍案件報警後，法醫抵達現場，要盡可能多地尋找、收集屍塊。首先通過屍塊的損傷形態，以及對現場的勘查，綜合判斷死者的死亡方式究竟是甚麼。

　　在確定死亡方式後，法醫會對屍塊進行研究。在盡可能明確死者的死亡原因、死亡時間、致傷工具以及分屍工具以後，還需要進行以下幾點工作：（1）根據屍塊的生理解剖特徵推斷死者的性別。（2）根據恥骨聯合面、牙齒、骨盆等的特徵點，推斷死者的年齡。（3）根據長骨長度推斷死者身高。（4）根據屍體皮膚特徵點，如紋身、痣等，還有內部器官特徵點，如有沒有動過手術，有沒有生育史等進一步刻畫個體特徵。有了這麼多個體特徵，警察就很容易尋找到死者的身份，一旦找到了死者的身份，案件也就算偵破了一半。

　　碎屍案件通常是熟人所為，畢竟一般情況下，陌生人何必要碎屍呢？

　　破案過程聽起來很過癮，但是大家通常會忽略了最先，也是最重要的一步——死亡方式的判斷。

　　在所有的非正常死亡事件中，法醫和其他專業警察都必須對現場進行勘查，對屍體進行檢驗，結合調查情況，為事件定性。所謂的定性，就是能不能排除他殺。這是一項技術，結論下達必須有充分的依據，而不是想當然而為之。在法醫學中，他殺、意外、自殺

被稱為「死亡方式」，就是指機體所發生的死亡，是由別人導致的，由自己導致的，還是一些意外因素導致的。

很多人不能理解「自殺碎屍」和「意外碎屍」。在這裏，我就重點說一下碎屍案件的死亡方式判斷。

「碎屍」的含義

我有時候不禁感慨，中國的漢字文化實在是博大精深。就拿「碎屍」這個詞語來說，其實就有兩種含義。一種作動詞理解，也是大家一般所理解的：「屍體被人分解後拋棄、藏匿」；另一種則作為名詞理解，表示屍體的狀態，例如在一件命案中，死者不是一具完整的屍體，而是由幾塊屍塊組成，那這也被稱為「碎屍」。

「自殺」、「意外死亡」與「碎屍」的關係

之所以要給大家講述「碎屍」一詞的不同含義，就是因為在詞義不同的語境下，法醫對死者的死亡方式以及案件性質的判定也會有所不同。所以，不能只要一看到「碎屍案」，就簡單地判斷其一定是他殺案件。死亡方式和屍體狀態之間是沒有直接的因果關係的。

首先，把「碎屍」當成動詞來理解。

在法醫學實踐中，很多「自殺」、「意外死亡」的死者，選擇的（受到的）致死外力作用，是會使其「被碎屍」的。沒有人敢說，自殺的人就一定要選擇留全屍的方式，或意外死亡的人一定能留得下全屍。

在爆炸、高墜、交通事故、生產事故、自然災害或利用一些能產生巨大機械外力的機器進行自殺等非正常死亡事件裏，致死因素在施加的過程中都可能導致死者「被碎屍」。

除了被致死因素的巨大外力碎屍，自殺、意外死亡的死者，還有可能在死後被人碎屍。

我來通過一個案例詳細解釋下。從前有個有婦之夫在外地當官，和當地一女子同居。女子多次要求其離婚未果，傷心至極，在男子住處自殺。男子怕姦情敗露，遂將屍體肢解後拋棄、藏匿。

在這個案例中，自殺仍作為死亡方式存在，而碎屍則是一種匿屍手段。在警方明確死因後，只能追究男子非法處理屍體的刑事責任，而不能把「殺人」罪名強加給男子。

其次，在把「碎屍」當成名詞來理解的語境下。

按照先入為主的觀念，很多人都會認為只要發現屍塊，就一定存在惡性兇殺案。但如果只要發現屍塊就確定死亡方式是他殺，那也就太簡單了。豈不是誰都能來做法醫了？

比如跳海自殺的死者，他們的屍體有可能被船隻螺旋槳打碎。除此之外，在隱匿位置高墜，尤其是墜落過程中接觸硬物的死者，屍體在空中就可能散裂開來。這種情況，通常也會被人以發現了「碎屍」而報警。

看完以上文字，你還覺得「自殺碎屍」是開玩笑的嗎？

總之，警方在發現屍塊後，一定要通過各部門的配合，在掌握所有現場、屍體、調查的材料後，得出一個妥善的結論，而絕對不能憑空臆測。成為福爾摩斯基本的條件，並不僅僅是擁有縝密的邏輯推理能力，還要能做到在推理之前，先全面掌握現場情況，擁有盡可能全面的訊息。

自救
小劇場

小白：　「又是謠言！又是謠言！我們的這宗案件，明明就是死者自己跳樓的，生前沒有遭受任何侵害。可是這些造謠的人用其他人被毆打的影片來張冠李戴，誤導網民認為死者生前被毆打了！而且，他們還非要把死者的屍斑說成是損傷！這些造謠的人真是可惡！」

聶之軒：「網絡造謠者確實十分可惡，不過近些年來，有關部門的有力措施，也讓網絡環境乾淨了不少。可是，最關鍵的，還是網民得具備鑑別謠言的能力。不信謠、不傳謠，遇見來歷不明的非官方消息，要謹慎對待，不能盲從盲信。」

小白：　「是啊！沒有轉發，就沒有傷害。比如一個女大學生和男友開房後墜樓，明明是女生意外墜樓，卻被媒體誤導為女生被男生強姦後殺死。自以為正義的網民都認為自己是在伸張正義，其實他們卻傷害了無辜的男生。」

聶之軒：「是啊！有些謠言很明顯違背了常識，是可以一眼識破的。有些謠言則利用了民眾對某些小眾領域專業知識的不了解，誤導民眾。比如『凡是碎屍就是他殺』的理論，從法醫學的角度看，就是錯誤的。對於這樣的事件，我們專業人士需要不遺餘力地宣傳相關知識，幫助網民掌握專業知識，才能幫助他們更好地識破謠言。」

小白：　「可是，對於有些謠言不知道怎麼闢謠才合適啊！」

聶之軒：「確實，有一些謠言是憑空捏造的，而有一些謠言則是利用一些漏洞別有用心地去引導。比如曾經有一則新聞題目是『××警方荒山秘密解剖屍體，被指盜取死者器官』。前半句是利用了警方沒有建立解剖室，只有去較為偏僻的地方解剖屍體這一漏洞。而後半句，用了『被指』這種春秋筆法，把死者家屬的疑問直接作為了新聞題目。」

小白：　「總之，以吸引眼球為目的，不擇手段誤導民眾的，都是可恥的。」

聶之軒：「遇到謠言，有關部門一定要第一時間公開可以公開的訊息，讓事件透明化，積極回應網絡質疑。而對普通民眾來說，則要擦亮眼睛，不要盲目跟風傳播。有一句話說得好，謠言止於智者。」

CASE: 008

File Name:

無人知曉的家暴

Cause:

鈍器致死

CONFIDENTIAL

夏曉曦的懦弱害死了她。

自從嫁給這個丈夫以後，挨打似乎成了家常便飯。

尤其是最近，丈夫的生意遇到了挫折，他天天用酒精麻痺自己，回到家裏，就拿夏曉曦來出氣。無論夏曉曦怎麼做，丈夫總是能挑出毛病，然後就是一頓毒打。

家裏的桌椅板凳、掃把、鍋都成了打人的工具。

這一天，滿身傷痕的夏曉曦爬起床，發現自己的小便已經成了醬油色，慌忙搖起沉睡中的丈夫。丈夫可能是正在做着自己生意復興的美夢，被搖醒後，脾氣大發。

他順手拿起枱燈，把夏曉曦按在床上，一頓毒打。

枱燈底座都被打掉了，夏曉曦突然開始氣急、面色蒼白、四肢冰冷。

夏曉曦的異常表現讓丈夫有些害怕，趕緊撥打了電話報警。

然而在救護員踏進家門的時候，夏曉曦早已沒有了生命跡象。

「她是病死的！你看我們家的坐廁裏，她的小便都是醬油色！她肯定是有病，突然病死的！」在警署裏丈夫狡辯道。

「那她身上的傷是怎麼來的？」小白問道。

「她前幾天騎車摔了。」丈夫撒謊道。

「別再撒謊了。」聶之軒説，「她身上除了有幾天前的舊傷，還有死前剛剛形成的新傷。損傷都是鈍器傷，從損傷的形態看，和你們家枱燈的底座很相似。你不要告訴我，是枱燈自己反覆掉落到她身上砸的！」

　　丈夫舔舔嘴唇，説：「那好吧！我承認我打了她，但我就是輕輕打的，怎麼可能打死她呢？她早晨就喊我起來看她小便是醬油色的！她是有病啊！她不是我打死的！」

　　「那我就告訴你，她就是你打死的！」聶之軒厲聲説道，「反覆擊打軟組織，雖然不會直接致命，但是會導致體表大面積軟組織出血，這樣的損傷可以導致擠壓綜合症！」

　　「擠壓綜合症？」丈夫説，「我沒有擠壓她啊！」

　　「擠壓綜合症並不一定就是擠壓出來的，反覆擊打也可以。」小白説，「大面積軟組織出血，血漿大量滲出，有效循環血量減少，而且會導致急性腎衰竭。排出醬油色的尿液就是一個確證！她死亡前，是不是有氣急、心悸、面色蒼白、四肢冰冷的休克症狀？」

　　丈夫低下了頭，不再説話。

　　「你打死了她，你必須要接受法律的嚴懲！」聶子軒説。

暴力對抗暴力，輕視應對輕視，愛回應愛。

——榮格

機械性損傷致死，是一種常見的非正常死亡的方式。而在機械性損傷致死中，鈍器致死比較多見。

下面就通過不同分類的鈍器致死把這種常見的案情剖析一下，再和大家聊聊法醫為何要研究鈍器致死。

徒手傷

在徒手傷這一大分類裏，又有指端傷、拳腳傷、咬傷等。很多人認為，徒手傷是比較輕的損傷，一般不會導致人的死亡。其實不然，上述三種損傷，其實都可以導致人的死亡。

首先說指端傷。這種用手指指端來壓迫別人身體表面而形成的損傷，看似很輕微，但有的時候會導致嚴重的後果。這主要取決於手指指端的壓迫在甚麼地方。如果壓迫在人的頸部或口鼻處，就會導致機械性窒息死亡。

其次再看拳腳傷。一般情況下，拳腳相加是不會出人命的。但是有些時候非常不巧，也會導致人的死亡。之前就辦過一個案件，兩個人因言語不和，其中一方一拳就直接打倒了另一方，而對方很快就沒有了生命跡象。這樣的案情主要有兩種可能。第一，打中了太陽穴等比較特殊的部位。我們從小就知道太陽穴非常危險，不能受傷。原因就是這裏的顱骨非常薄，而且它下面有一條很重要的大血管——腦膜總動脈。一旦外力導致此處的顱骨骨折，骨折斷端就有可能導致這條血管破裂。這條血管一破裂，就會很快地發生顱內出血從而導致死亡。第二，人體有些神經豐富的地方，即使是受到了非常輕微的損傷，也會導致人的死亡。比如男性的睾丸，如果受力的話，可能會導致神經源性休克或者抑制死；再比如心前區、心後區，雖然有豐厚軟組織和骨骼的保護，但是一旦受力，也可能抑

制心臟導致心搏驟停而死亡。當然，這類死亡發生的概率比較小。

咬傷就不用多說了，大家想想吸血鬼吧，雖然那都是迷信，但是普通人用那種方式也是可能弄破大血管導致死亡。

在徒手傷中，法醫研究各種損傷形態和損傷機制，除了可以發現一些輕微但能致死的損傷，還可以發現一些對案件調查有用的東西。

如果一個死者有窒息徵象，又在他頸部發現了許多徒手傷的話，就可以判斷死者死於被掐扼頸部。

如果一個人是中毒致死，沒有辦法判斷是別人強行灌服毒藥還是自己飲用毒藥的時候，對輕微的徒手傷的判定也能派上用場。比如在死者的面頰部發現了指端傷，在其手腳處發現了指端可能形成的約束傷，那麼這個案子就很有疑點了，就不能排除是被別人強行灌服毒藥的了。

磚石傷、木質鈍器傷、鐵質鈍器傷

這三類就是鈍器致死中，法醫比較重點研究的方面了。而研究這三類的主要目的，除了查明死因，就是搞清楚致死工具到底是甚麼。

鈍器打擊導致死亡，多見於鈍器打擊頭部導致顱腦損傷死亡。人的大腦很脆弱，所以才會被隱藏在堅硬的顱骨裏。但是顱骨的韌性畢竟有限，在顱骨被打骨折後，極易導致顱內血管破裂和腦損傷，可以直接導致人的死亡。

除去顱腦損傷，較大暴力的鈍器損傷有的時候也可以導致挫裂創，這些創傷的位置如果位於大血管處，也是致命的。另外，比挫裂創致死更多見的，就是內臟器官破裂致死。鈍性暴力的作用，除了擊打，還有震盪，這些外力有的時候可以導致一些較脆弱的實質器官（如肝臟、脾臟）的破裂，從而導致出血死亡。

不論是甚麼鈍器，如果要造成人的死亡，必然要施加足夠大的力。這些力量，除了可以導致人死亡，也會在人的體表留下一些痕

跡。而這些痕跡，就是法醫推斷致傷工具的重要依據。

比如竹子等規則棍棒打擊到人體軟組織豐富的部位時，受力的地方就會變得蒼白，而在受力部位的兩側，會出現鐵軌一樣的平行出血帶，法醫學上的術語叫作「竹打中空」。再比如八角錘打擊顱骨導致顱骨粉碎性骨折、腦組織銼碎死亡時，錘子接觸頭皮的時候就會在頭皮上留下類似於八角形的痕跡，法醫可以據此推斷出兇手的兇器。

一般鈍性工具都有着比較特徵性的形態，法醫可以根據死者體表的損傷來進行推斷。有人會問，磚石沒有特徵形態吧？法醫怎麼推斷呢？

因為磚石比較堅硬，打擊到頭部的時候，很容易導致頭皮挫裂創，而且磚石附着的細物很多，法醫看到不規則的挫裂創，就會在創的裏面尋找一些細小的痕跡。如果在挫裂創裏，發現了一粒很小很小的磚紅色粉末，不就可以判斷出致傷工具是紅磚了嗎？

交通事故致死以及高墜、摔跌致死

這是兩種比較特殊的鈍器致死。交通事故致死的工具是車輛上任意一處凸起物，而高墜或摔跌致死的工具則是地面。交通事故過於複雜，我會在 CASE 016 中單獨進行介紹。而高墜及摔跌致死，大家翻翻 CASE 004 的內容就明白啦！

擠壓死

擠壓死也是一種比較特殊的鈍器致死，前面的故事中就講了這種死亡類型。

我們通常說的擠壓死，多見於交通事故中的碾壓、人為災害比如礦井坍塌以及自然災害中的地震、泥石流等中的壓迫。這些情況，一般都可能導致極大暴力的擠壓死，可以導致大面積軟組織出血、內臟破裂、骨折、肢體離斷等。這樣的損傷，因為極為嚴重，

推測所受暴力也非常大，可以判斷出不是人為形成，多見於災害事故。

較小一些的暴力，比如地震中被青石板壓迫，雖然壓迫的時候人可能還有生命，但受害者堅持不了一會兒就可能死亡。這種死亡可能是胸腹部受壓導致無法呼吸，也可能是有骨折、大面積皮下損傷時，骨髓或者脂肪進入血管、堵塞血管，導致骨髓栓塞或脂肪栓塞。這種情況下受害者可能立即死亡，也可能存活一段時間再死亡。

最輕的擠壓綜合症致死，常見於虐待案件。很多人遭受家暴，導致全身大面積瘀青，血漿大量滲出，有效循環血量減少。挫傷的軟組織產生多種毒性代謝物，同時這些雜質會堵塞腎小管導致急性腎衰竭和創傷性休克，最終導致人的死亡。

很多人認為鈍器是比較安全的物件，一般不會打死人。我相信大家看到這一章的內容後，就會改變這種看法了。有的時候，人的生命很脆弱。所以，一切危險的事情都盡量不要去做。珍愛生命！

聶之軒：「小白，在工地上工作，一定要按規定戴好安全帽！」

小白：「這工地都停工了，還戴安全帽做甚麼？」

聶之軒：「高空墜物，可不管工地有沒有在運作，小心你的腦袋。」

小白：「好的，好的，你說過，腦袋最重要。」

聶之軒：「這是我說的嗎？不過確實，頭部軟組織較薄，受力時缺乏緩衝，雖然有顱骨保護，但是顱骨下面有眾多血管。腦組織是維持生命跡象最重要的器官之一，一旦顱腦損傷，很容易危及生命。當然，我們在危險環境中，也不能只保護自己的腦袋。」

小白：「這個我知道，只保護腦袋的，那不就是鴕鳥嗎？」

聶之軒：「還有就是那些看起來並不嚴重的鈍性損傷，有的時候也會致命，比如擠壓綜合症。在地震災害中，軀體受重物擠壓後，即使是被解救出來，也要嚴格觀察生命跡象。還有，比如全身大面積挫傷，看起來並不嚴重，有的時候也會導致擠壓綜合症。所以即使只是所謂的『皮外傷』，但如果身體出現不適，比如心悸、氣急、血尿等，一定要及時到醫院就醫。」

小白：「原來古裝劇中被打屁股打死的，都是擠壓綜合症啊？」

聶之軒：「主要的死因是這樣的，但也有內臟破裂和感染死亡的可能。總之吧，在工地、火災現場等危險場所，一定要戴好安全帽。雖然我們的胸部有肋骨的保護，腹部有肌肉反射性收縮的保護，但也同樣不能大意。保護自己的軀體不受外力的作用，就是在保護自己脆弱的內臟。」

小白：「腹肌反射性收縮，嗯嗯，這個好，我一定要努力練出八塊腹肌，讓我的內臟被保護得更好。」

聶之軒：「其實你也有八塊腹肌，只是有脂肪覆蓋，不太明顯而已了。」

小白：「師父！」

CASE: 009

File Name:

鄰居的證詞

Cause:

銳器致死

CONFIDENTIAL

　　鄰居們都清清楚楚地聽見了夏曉曦家裏的吵鬧聲。

　　結婚以來，夏曉曦和丈夫之間的爭吵就未停止過，幾乎一週一大吵，三天一小吵，鄰居們都已經習以為常了。

　　夏曉曦和丈夫的性格都很火爆，時常發生碰撞，任何雞毛蒜皮的小事，都是大鬧一番的理由。

　　開始，鄰居們被吵打聲驚擾，還會三不五時地去勸個和，時間長了，就再也無人問津了。

　　這次，可能又是因為一個甚麼雞毛蒜皮的小事。晚上十點，再次從小屋中傳出了打罵聲。聲音持續到了十二點，然後就是夏曉曦的嚶嚶哭聲。

　　第二天一早，鄰居趙太太來到了夏曉曦家，説是來聊聊天，其實好心的趙太太還是放心不下。走到門口，趙太太就被嚇得癱軟在了地上，因為她看見有股紅的血液從小屋的門縫裏流出。

　　警察是用破門的方式進入現場的。夏曉曦斜靠在客廳門口的梳發上，周圍有大量的血跡，頸部的一個大創口觸目驚心。

　　「她被那個畜生殺了！」趙太太驚叫道。

　　接到報案後，轟之軒和小白第一時間抵達了現場。

　　「又是一宗命案啊！」小白看了看現場的情況後説道。

　　「我都説過了，在檢驗完成之前，法醫是不能先入為主地表達直

觀印象的。」聶之軒說，「這樣很容易犯錯。」

果然，接下來的幾個小時，小白的觀點在慢慢地發生着變化。經過聶之軒和小白的現場勘查和屍檢，最終確定了夏曉曦是自殺！

「你們破不了案，居然說是自殺！」夏曉曦父親的手指指到了聶之軒的鼻尖。

聶之軒說：「我們判斷自殺，是有依據的。」

「說說看，甚麼依據？」夏父嘶吼道。

聶之軒說：「第一，死者頸部大創口處割破了頸動脈，導致失血性休克死亡。這個創口由三個切創組成，三條切創平行排列，而且創角有試切創。試切創多在自殺中見到。」

「就憑這一點？」夏父不服。

聶之軒說：「第二，你想想，死者在生前被人用銳器切割頸部的話，她不掙扎的嗎？而且是在固定體位下，平行切割。死者身上沒有任何約束傷和抵抗傷，沒有中毒導致昏迷的可能，沒有顱腦損傷或者窒息導致昏迷的可能。我想，她不會引頸受戮吧？」

「萬一她就是沒有辦法，不得不就這樣不抵抗被殺害呢？」夏父說。

聶之軒說：「第三，現場是個封閉現場，除非有鑰匙，不然不可能進入。那麼，如果有人要殺害夏曉曦，就只可能是她丈夫。而從對鄰居的調查證詞看，他們二人打鬧到了晚上十二點，然後大廈的閉路電視就顯示她丈夫離開家了。我們法醫推斷，死者的死亡時間是凌晨兩點到六點之間，她丈夫沒有作案時間。」

夏父頓時語塞。

聶之軒乘勝追擊，說：「第四，現場到處都是噴濺血跡，因為動脈破了嘛！但是現場卻沒有任何血足跡。你想想，如果是別人作案，那麼總會腳上沾血，然後形成血足跡吧？」

讓那傷在暗地裏發膿潰爛，那會讓你成為一個病人，而且無論如何假裝，都永遠正常不了。

——《唐頓莊園》

鋭器致死是指由具有鋭利邊緣或尖端的致傷物致傷，引起血管、器官破裂等導致死亡。

鋭器損傷致死和鈍器損傷致死一樣，是機械性損傷致死最為常見的方式之一。常見的鋭器損傷主要是切創、砍創、刺創和剪創。

切創

切創是指用鋒利的鋭器刃壓住皮膚沿刃口方向移動形成的損傷，這類損傷通常難以致死，除非是切割斷了較為表淺的大血管。這類損傷多見於自殺。

在切創中，較有意義的損傷，就是前文所述的「試切創」。試切創是指創角有一些小的劃痕、皮瓣，提示自殺死者在切割前，有一些試刀的動作。這樣的損傷通常是死者自殺開始時的矛盾心理導致的。

而在他殺案件中，因為被害人的反抗，如抓握刀柄，也可以在手上形成一些切創，這些損傷被稱為抵抗傷。或者，兇手需要控制被害人，用刀切劃被害人，形成一些切創，從而形成威脅，這些損傷被稱為威逼傷。

是自殺還是他殺，不能僅僅從切創以及是否存在試切創來判斷，更重要的，是結合其他的屍體徵象，進行綜合判斷。

砍創

砍創是指用具有一定重量，便於揮動的鋭器，以刃面砍擊人體形成的損傷。

　　相對於切創，砍創顯得更為嚴重。一般都會導致創口裂開明顯、創腔很深，甚至會導致創口下方的骨質碎裂。

　　區分切創和砍創，有利於法醫對致傷工具予以判斷，對案件性質的判斷有一定的參考意義。

刺創

　　刺創是指用具有銳利尖端的工具沿着其長軸方向，刺入人體而造成的損傷。相較於切創和砍創，刺創的創口通常都比較小。但是因為深度較深，更容易刺破器官和血管，所以致傷更為嚴重。在法醫學實踐中，刺創多見於他殺，少見於自殺和意外死亡。

　　根據工具的不同，刺創又分為單刃刺傷、雙刃刺傷、多刃刺傷以及無刃刺傷。單刃刺傷是指用諸如匕首之類的，只有一個刃邊的工具形成的損傷；雙刃刺傷是指用諸如工藝寶劍之類的，具有兩個刃邊的工具形成的損傷；多刃刺傷是指用諸如三棱刮刀之類的，具有三個及三個以上刃邊的工具形成的損傷；無刃刺傷是指用諸如錐子之類的，只有一個尖端，卻無刃邊的工具形成的損傷。

　　分辨不同類型的刺創，主要是為推斷致傷工具提供依據，有利於警方進一步尋找工具，指向嫌疑人。比如，在死者的身上發現了三棱刮刀形成的多刃刺傷，那麼法醫就會建議偵查部門從尋找那些可以擁有三棱刮刀的人開始進行排查；再比如，在死者的身上發現了單刃刺傷，那麼在破案後，就會對嫌疑人家中所有的單刃刺器進行檢驗，從而提取到兇器。

　　當然，推斷致傷工具遠遠沒有這麼簡單。以刺創致死為例，法醫不僅要對單刃、雙刃、多刃、無刃進行判斷，還要對死者身上的創口進行測量，推斷刺器的最小寬度，也要對整個創道進行測量，推測刺器的最小長度。對有些具備條件的損傷，還要測量創角壓跡的厚度，從而對刺器的背寬進行推測。數值愈多，對破案愈有益。

在刺創檢驗中，法醫更注重對死者衣物的檢驗。因為人的皮膚有彈性，在被刺傷後，可能會有所收縮，導致對刺器寬度或者單刃、雙刃的判斷可能會出現偏差。然而，衣服纖維的彈性較小，所以對於推斷上述指標更有利。

剪創

剪創是指用剪刀形成的損傷，在銳器傷中較為少見。

因為剪刀可以用多種方式損傷人體，所以剪創也分為好幾種。

比如，剪刀合起和張開，直接刺入人體，就可以形成類似於無刃刺器和單刃刺器形成的損傷；再比如，剪刀張開刺入人體後，再合起，那麼就會形成被法醫稱為刺剪創的損傷，這樣的損傷多呈「S」形，很容易分辨；又比如，用剪刀直接剪人的皮膚，會形成「V」字形的損傷，而剪刀剪斷人體突起部位，就會形成和切斷傷、砍斷傷類似的損傷。

分析銳器傷的特徵，主要的目的還是推斷致傷工具和死亡原因。而對於其他關鍵問題的判斷，還需要結合現場勘查、屍檢和調查情況等。

人體有很多較淺的動脈，這些位置如果不慎被銳器割傷則會導致生命危險；所以銳器是很危險的工具，不要輕易玩耍。

自救
小劇場

小白：　「師父，我今天在現場勘查的時候，發現垃圾桶裏有針頭，死者還是個愛滋病患者，我嚇壞了。」

聶之軒：「多危險啊！下次現場勘查的時候一定要注意！先看清楚了再動手。」

小白：　「感覺這種事情實在是避無可避啊！」

聶之軒：「是啊！除了那些兇殺案件、自殺事件，也有很多意外發生的銳器損傷致死。對於那些嚴重的意外銳器損傷，幾乎沒有甚麼防範辦法的。畢竟我們胸腹部軟組織無法阻擋銳利的工具，而且胸腹部的器官、大血管也都是經不起銳器一擊的。還有，頸部兩側的大血管、雙腕、大腿內側都有表淺的大血管，一旦損傷都是危及生命的。只能説，盡力保護這些部位吧！」

小白：　「只能聽天由命了嗎？」

聶之軒：「當然。也有很多銳器致傷之後，會發生一些不必要的傷亡。」

小白：　「比如我今天這種嗎？傳染病？」

聶之軒：「除此之外，還有很多危險。比如曾經的一個案例，一個人的腳跟踩上了一根鐵釘，本來就是個小小的創口，那人沒有在意，沒想到鐵釘刺傷了足跟部的骨膜，導致了骨膜炎，最後那人截肢了。還有人被生銹的刀刺傷了臀部，傷口也很小，沒做處理，最後得了破傷風而去世了。所以啊，有的銳器損傷創面很小，引不起注意，但是致傷物本身的破傷風桿菌或其他病菌是能致命的。在我們受傷有破口之後，尤其是致傷物是生銹的金屬且傷口較深的情況下，不僅僅要立即進行清洗和消毒，還應到醫院去就診，及時預防可能發生的併發症或者後續感染。」

小白：　「小傷口也能致命，嗯嗯，我記住了。」

CASE: 010

File Name: 灰飛煙滅

Cause: 火器致死

CONFIDENTIAL

　　一聲巨響之後，夜晚重新恢復了寧靜。

　　夏曉曦是父母的掌上明珠，即使是已經出來工作，父母對她的照顧還是沒有停止。她的父母每天上午都會到她租住的房子裏，把她一天的餐飲準備妥當，待她中午、晚上下班回來，就能吃上現成的飯了。

　　但這一天，夏曉曦的父母發現了異常。他們上午來到住處的門口時，發現大門是虛掩的，頓時一股不祥的感覺湧上心頭。

　　果然，夏曉曦橫躺在自己的臥室中，早已沒有了呼吸，身下還有一攤殷紅的血跡。

　　當夏曉曦的父母想起來報警的時候，已經一個小時過去了。這一個小時，兩老只會大聲地哭喊，腦袋裏一片空白。

　　夏曉曦裹着一條浴巾，顯然是剛剛沐浴完，就被殺害的。浴巾已經被鮮血染成了紅色，傷口就在夏曉曦的胸口，是浴巾沒有覆蓋的地方。那是一個圓形的創口，隨着屍體被翻動，還有鮮血向外汩汩流出。

　　警方通過現場勘查，認定兇手是從夏曉曦家廚房翻窗入室的，然後從大門逃脫。根據現場被翻亂的跡象和丟失的財物，分析兇手是盜竊時被夏曉曦發現，繼而轉為搶劫殺人。

　　「為何一人在家也不知道鎖閉窗戶啊？」兩老嚎哭道。

在嚎哭聲中，警察提取到了幾枚新鮮的血指紋，為案件的偵破提供了證據支持。不過，案件的偵破工作，該從何入手呢？現場的警察陷入了沉思。

「這是甚麼？」聶之軒的聲音打破了警察們的沉思，也中斷了夏父、夏母的哭聲。

聶之軒把夏曉曦的傷口擦拭乾淨後，發現傷口周圍存在一圈淡紅色的印記，還有一些顆粒狀的黑色物質。

「這是挫傷輪和煙暈啊！」聶之軒歎道。

「挫傷輪？煙暈？」別說夏父、夏母了，就連現場的警察也一頭霧水。

「挫傷輪和煙暈，是槍彈傷射入口的特徵。」聶之軒翻過屍體看了看說，「這也是槍彈傷和無刃刺傷的一個區別點。既然子彈沒有穿透死者的身體，那麼我斷定，死者的體內可以提取到彈頭。」

不出聶之軒所料，經過屍體解剖，他斷定死者是主動脈受彈後空腔效應作用而破裂，最終大出血導致死亡。在夏曉曦屍體的背側第五肋骨處，聶之軒發現了一枚銅質彈頭。

「這種彈頭倒是很不常見。」作為槍彈專家的刑警隊長說，「這種彈頭只有那種非法地下槍彈工場才有生產。」

「也就是說，通過這種彈頭，可以尋找到兇手購置槍械的來源，然後查找到兇手的身份對嗎？」小白滿臉崇拜地問道。

刑警隊長重重地點了點頭。

經過縝密的偵查，警方一舉搗毀了一家地下槍彈工場，繳獲了仿真槍械數十支和子彈幾千發。這些子彈的彈頭，經核查和凶案中遺留的彈頭完全一致。經過對地下槍彈工場銷售人員的審訊，警方鎖定了前不久購置槍械的犯罪嫌疑人 S。抓獲 S 後，經過指紋比對，順利偵破了夏曉曦被殺案。

一想到我的生命消逝得那麼迅速，而我並不是真正地活着，我就受不了。

——海明威

火器傷主要分為槍彈傷和爆炸傷，兩者性質完全不同。

在中國，能夠致人死亡的機械性外力損傷，主要是鈍器傷和銳器傷。這是因為中國對於槍械嚴格管控。但是，一些非法地下工場流傳出來的自製槍械，也會對社會穩定造成極大隱患。在法醫學實踐中，偶然也會遇見火器致死的案例。

這次就來說説火器致死。

火器傷主要分為槍彈傷和爆炸傷，因為性質完全不同，所以我們分開介紹。

槍彈傷

一般槍械主要分為兩大類：霰彈槍和膛線槍。

霰彈槍，比如獵槍等，大多都是單發，子彈是火藥加大量鋼珠。底火觸發後，火藥會將前端的大量彈珠呈一個圓錐形面打出去。這樣的槍械，近距離是非常有覆蓋度和殺傷力的。而其殺傷力，主要是彈珠的直接穿透致傷作用，打破器官和血管，導致人體死亡。

膛線槍，比如制式軍用或警用槍械，一般可以連發，子彈是火藥加單一彈頭。因為膛線槍的槍膛裏刻有螺旋紋線，子彈在擊發瞬間，在槍膛內獲取高速旋轉的動能，保證了子彈在飛出去後可以有很高的穩定度和精確度。這樣的槍械可以遠距離射擊。

很多人就會問，那膛線槍打出去的子彈，不就那麼一個小小的彈頭嗎？如果打中了人體重要器官、血管就罷了，沒打中致命部位，是不是肯定不會死人呢？其實不然。軍警都使用膛線槍，不僅僅是因為它精確度高，可以遠距離射擊，更重要的是，它的殺傷力

即使是遠距離也依舊很大。顯然，膛線槍殺傷力的來源，並不僅僅是小小的彈頭穿透，更重要的是，我們法醫所謂的「彈後空腔效應」。

子彈在高速旋轉狀態下打進人體，在彈頭通過的軟組織中會形成一個彈後空腔，這個空腔瞬間出現，又瞬間消失。而子彈的旋轉動能瞬間釋放給周圍組織，會給比子彈大幾倍甚至幾十倍範圍內的周圍軟組織造成傷害，這個空腔很有可能傷及重要器官、血管，導致死亡。

槍彈傷的鑒別其實並不難，唯一可能出現問題的，就是子彈穿透人體，彈頭消失。這樣的損傷，可能會和無刃刺器形成的傷相混淆。法醫會通過判斷射入口、尋找空腔損傷的組織來判定槍彈的存在。

另外，槍案中，法醫還要做的一件重要工作，就是判斷槍彈的射入口和射出口，從而研究彈道，分析兇手和被害人的位置關係等，為偵查、破案提供科學依據。

霰彈槍的射入口、射出口並不難判斷，一般彈孔較為密集的便為射入口。霰彈槍子彈沒有旋轉動能，並不能射遠，所以大部分子彈會殘留在人體當中。

對於膛線槍子彈的射入口、射出口的判斷，則主要從以下幾個方面進行。

1. 接觸射擊的射入口，因為槍口的高溫灼傷，會留下槍口印痕。

2. 近距離射擊的射入口，因為槍口噴射的火藥的作用，會形成密集的火藥顆粒附着以及一圈煙暈。另外，因為子彈旋轉着進入人體，會在入口周圍形成一圈均勻的環狀挫傷帶，稱之為挫傷輪。

3. 遠距離射擊的射入口，雖然不會有火藥顆粒和煙暈，但還是會因為彈頭的旋轉作用形成挫傷輪。

4. 因為子彈的旋轉作用，射入口一般都會存在皮膚缺損，而射出口則不缺損。

5. 另外，利用組織病理學檢驗技術，在顯微鏡下也可以看到射入口和射出口皮膚的病理學改變。

爆炸傷

爆炸是指由爆炸物在極短時間內產生大量氣體，體積急劇膨脹，產生高壓和巨大能量，向四周釋放，使得周圍介質震動，並產生巨大聲響的現象。爆炸釋放能量造成的人體損傷，稱為爆炸傷。

不像槍彈傷比較單一，爆炸傷顯得形態多樣，格外複雜。很顯然，受害者距離爆炸中心的遠近，決定了損傷的嚴重程度。

總體上講，爆炸傷的致傷方式主要有：爆炸中心附近的人因為氣體急劇膨脹產生的高壓和能量而形成的爆碎傷；爆炸中心附近的人因為高溫作用而形成的燒灼傷；不論距離爆炸中心遠近，因為衝擊波而形成的衝擊波震動傷；爆炸產生的拋出物或摧毀的建築、物體導致的機械性損傷等。

上述損傷可能同時在一具屍體上發現，也有可能每具屍體的損傷方式不盡相同。法醫在爆炸案件中，不僅要確定屍體殘塊上的損傷是生前傷還是死後傷，以及確定死亡原因和案件性質，還要盡可能收集屍體殘塊，根據屍體殘塊或者屍體損傷形態綜合分析，判斷爆炸中心所在，並研究爆炸發生時死者和爆炸中心之間的位置關係以及死者在死亡前的體位等。

自救
小劇場

小白：　「好了，這一期估計師父你不用教育我了。我們國家這麼安
　　　　全，而且嚴格控槍，所以槍彈傷和爆炸傷基本看不到啊！」

聶之軒：「確實，這些損傷連法醫都很少能見到，就更不用說普通民
　　　　眾了。不過爆炸，除了傳統的炸藥爆炸，還有諸如粉塵爆
　　　　炸、氣體爆炸之類的。」

小白：　「師父！這你也能強行加台詞？」

聶之軒：「除了那些會接觸爆炸源的工業操作需要規範，我們在日常
　　　　生活中，也要時常警惕爆炸的發生。」

小白：　「那你舉個例子吧！」

聶之軒：「比如家中發生了煤氣洩漏。當你回家的時候，發現煤氣洩
　　　　漏了，就要格外注意。比如，不能開燈，萬一開關產生電火
　　　　花，就有可能引爆你家中充斥着的煤氣。」

小白：　「可以不要拿我家舉例子嗎？」

聶之軒：「還有那些不知道情況的下水道，尤其是加油站附近的下水
　　　　道，裏面可能會充斥着沼氣，一根未滅的煙頭或者一個爆
　　　　竹，都有可能引爆。」

小白：　「師父你還別說，我好像還真見到過調皮的孩子往下水道扔
　　　　爆竹被炸飛的新聞呢！」

聶之軒：「不過現在各個城市都禁放爆竹了，你想買爆竹也買不
　　　　到了。」

小白：　「師父！我不是調皮的孩子！」

CASE: 011

File Name:

面目全非

Cause:

燒死

這場火災，最先是被夏曉曦的鄰居發現的。

那一股股濃煙，從夏曉曦家的窗戶裏冒出的時候，鄰居就報警了。僅僅經過了幾分鐘，濃煙就變成了烈焰，舔舐着夏曉曦家的窗框，把夜幕中的樓房映得雪亮。

消防用高壓水槍沖了整整二十分鐘，大火才徹底熄滅，一縷縷黑煙從窗戶裏冒出。

消防員戴着氧氣面罩，從窗戶翻進了室內。映入他眼簾的，是一具燒焦了的屍體。

「快來人幫忙，室內有遇難者！」消防員喊道。

現場的警署聯絡了刑警隊，聶之軒和其他技術人員迅速封閉了現場。

現場很奇怪，一個液化氣瓶異常地出現在了夏曉曦的臥室。這個理應在廚房裏的東西，不知道為甚麼到了臥室裏。最合理的解釋是，夏曉曦選擇點燃液化氣自殺。

動機上也可以解釋清楚。今天下午，夏曉曦和她那個已經有了家室的男友發生了激烈的爭吵，晚上就發生了這事。

夏曉曦的父母好像並沒有覺得存在甚麼疑點，他們在號啕大哭中，斥責着女兒的衝動，連給自己留個全屍都不願意。

在聶之軒的堅持下，屍體仍被帶到了解剖中心，接受解剖。

屍體被燒焦了之後，因為肌肉的脫水攣縮，導致整具屍體都非常堅硬。這讓解剖工作的難度增大了。聶之軒最先切開了死者的頸部，打開了已經被燒黑的氣管。

就這個簡單的動作，讓聶之軒很快確定了案件性質，這是一宗命案！

夏曉曦的氣管內側非常乾淨，沒有附着煙灰和炭末，也沒有任何熱作用的反應。也就是說，在大火起來的時候，夏曉曦已經沒有了呼吸，所以才沒有把熱空氣吸進氣管，沒有造成一系列的生活反應。

「既然明確了是死後焚屍，那麼，我們就要尋找到導致死者死亡的原因。」聶之軒對小白說。

小白點點頭，按照解剖順序，首先打開了死者的頭皮。

頭皮已經因為熱作用脫水成很薄的一層，用手術刀切開時，發現頭皮下似乎有一塊和其他位置皮膚顏色不一樣的區域。很快，小白鋸開了死者的顱骨，發現了一大塊已經丟失了水分的凝血塊。

「這應該是顱骨的熱血腫吧？」小白說。

聶之軒搖搖頭，說：「熱血腫不會伴有生活反應，頭皮對應處不會有損傷。熱血腫的範圍很大，一般呈新月形，邊緣銳利，經常是磚紅色。血腫內也會有氣泡。但是這塊血腫，範圍小，對應頭皮有損傷，呈鈁錘型，暗紅色，血腫緻密無氣泡，與硬腦膜緊緊黏連。這是一塊典型的外傷性硬腦膜外血腫。也就是說，基本可以肯定，死者夏曉曦是被人用鈍器打擊頭部，導致顱腦損傷而死亡的。」

根據聶之軒的推斷，案件很快偵破，原來是夏曉曦的男友，為了擺脫她的糾纏，趁夜潛入夏曉曦家中，將其打死，然後搬來液化氣瓶，焚燒了屍體和現場。

在靈魂一角可能有着一座燃燒着熾熱火焰的火爐，然而無人前來取暖；過客只是瞥見煙囪的一抹。

——梵高

燒死是指由於火焰、高溫固體、強熱輻射、電火花等熱源所致的損傷而導致的死亡。

　　燒死和之前講過的中暑死同被歸為高溫死一類。在法醫中，一般把死亡原因歸為損傷、窒息、疾病及衰老、中毒、電擊、高低溫六大類，高溫是其中很重要的一個分支。

　　燒傷和燒死與中暑死最明顯的不同點為軟組織的毀壞。

　　燒傷中，Ⅰ度燒傷只是皮膚紅斑；Ⅱ度燒傷，會產生表皮細胞的壞死，小動脈和毛細血管擴張、通透性增高，大量血漿成分外滲，使表皮與真皮分離而形成水皰；Ⅲ度燒傷，是指組織壞死；Ⅳ度燒傷，是指組織炭化。

　　醫院經常會用幾度燒傷來形容燒傷的程度，用燒傷面積是體表面積的百分之多少來形容燒傷的範圍。很多人對這些數字並沒有概念。我舉個簡單的例子，人的一個手掌的面積，通常佔人體表面積的 1%。

　　燒傷達到一定的程度或者範圍，就會導致機體死亡。但是火場中被燒死的人，並非都是因為火焰直接作用而死亡的。火場中的人，死亡原因是非常複雜的。

火場中死亡的原因

窒息或中毒

　　在火場中，會產生大量的高溫氣體，這些氣體使得受害者不能呼吸，迅速窒息死亡。另外，火場中可能會產生一氧化碳或其他有毒氣體（化工產品燃燒後的產物），這些氣體可能會導致機體內窒

息 [1]，或者中毒。

燒傷

受害者體表被廣泛燒傷後，劇烈疼痛或失血、失液會導致神經源性休克或者創傷性休克，從而導致死亡。身體內紅血球被破壞後，會釋放出大量的鉀，機體也會因為高鉀血症而心搏驟停，從而導致死亡。即使是當時被救，體表大面積受創者，還會因為併發症或者繼發感染而危及生命。

其他

在火場中，還會由於現場物品倒塌、高墜等引起機械性窒息死亡。或者因為過度驚嚇導致原有疾病急性發作而猝死。

面對火場中的屍體，法醫最先要解決的，就是死亡方式的問題。也就是說，要最先分辨死者是生前被燒死，還是死後被焚屍。

如何鑒別生前燒死和死後焚屍

喜歡歷史事件的人都知道，早在三國時期，我們就掌握了分辨生前被燒死還是死後被焚屍的辦法，就是著名的「張舉燒豬」故事中提到的方法。

現代的法醫也仍然沿用這種辦法，會觀察火場屍體的氣管內側，看有沒有附着煙灰和炭末，有沒有熱呼吸道綜合症（呼吸道存在燒傷改變，比如喉頭水腫、黏膜充血、出血、壞死、水皰，產生白喉樣假膜，容易剝離等），從而判斷在起火時，死者還有沒有呼吸。

註釋_____

1 內窒息，氰化氫、硫化氫等化學性窒息性氣體進入機體後能迅速與細胞色素氧化酶的三價鐵離子結合，抑制該酶活性，使細胞色素失去傳遞電子的能力，從而讓細胞不能攝取和利用氧。

除了觀察呼吸道，為了穩妥起見，法醫還會觀察死者未燒毀的皮膚是否存在燒傷的生活反應，是否存在休克肺的表現，血液中碳氧血紅蛋白的濃度高不高，等等。

如果死者不存在上述改變，法醫就要進一步去研究死者究竟是怎麼死的，也就是去尋找其他可以解釋死者死亡的原因，是外傷、機械性窒息，還是中毒。在尋找到死因後，再分析該種死因能不能用火場中的情況去解釋。如果不能解釋，那麼這可能就是一宗命案。

當然，死亡方式的確定，不能僅僅依靠法醫。畢竟火場中的屍體通常損壞比較嚴重，這會在一定程度上影響法醫的判斷。對於火場中屍體的死亡方式的確定，還要結合現場勘查和調查進行。

火場屍體的身份識別

另外，很多火場中的屍體，還存在着個體識別的問題。

比如在大型火場中，可能出現多人死亡。而且因為受害者生前躲避大火，屍體可能都會在一個角落堆積，加之衣物、面容被燒毀，所以個體識別會成為法醫的另一項重要的任務。不過在 DNA 技術日益完善的今天，這個問題已經得到了很好的解決。

但是如果在一個野外火災現場，一個不知道身份的人死亡，那麼要在茫茫人海中尋找到這個人的身份，那依舊不是件易事。這就需要法醫運用起自己壓箱底的技術，推斷死者的性別、年齡、身高甚至體重，從而縮小調查範圍，盡快確定死者的身份。在這種時候，發現死者隨身攜帶的金屬件，甚至衣物的殘片，有的時候可能會起到事半功倍的效果。

自救
小劇場

小白：「古時候就有『張舉燒豬』，我很奇怪為甚麼張舉燒的是豬，
　　　而不是牛羊雞鴨呢？」

聶之軒：「你的關注點還真是很特別啊！可能是因為豬和人比較相
　　　似吧！」

小白：「……師父，你又罵人了。」

聶之軒：「在火場中，有很多種死因，你作為一名法醫，應該非常了
　　　解了。針對這些死因，你能說一說在火場中怎麼自救嗎？」

小白：「這次輪到我說了？好吧，我想一想。火的殺傷力很大，所
　　　以一旦遭遇火災，首先是要想辦法脫離火場。」

聶之軒：「脫離火場也是要講究方法的。」

小白：「我知道。火場中最常見的死因是窒息或者一氧化碳中毒，
　　　所以在濃煙滾滾的火場中撤離，首先是要用毛巾沾水捂住口
　　　鼻，然後彎腰行走撤離。」

聶之軒：「對，如果是在人多的場所，一定不可以着急，不要推擠，
　　　那樣其實更危險。有序撤離，才是利人利己的好辦法。」

小白：「火場中經常會有高墜死，那是因為人們對火和煙的恐懼，
　　　慌不擇路，甚至選擇從高樓躍下。我記得師父你之前和我說
　　　過，三樓以上墜落，生還的概率就很小了。所以，如果是被
　　　困在樓上，逃生通道已經被火焰封閉，那麼在相對安全的地
　　　方等待救援，是最好的辦法。不到最後一刻，絕對不能冒險
　　　一跳。」

聶之軒：「如果樓層不高，最後一刻逃無可逃，也可以使用布袋、繩索懸吊的方式逃離；又或者把被褥全部扔下，作為落地的緩衝。當然，這都是最後一搏的選擇了。」

小白：「對了，師父，如果大家都會正確使用公共場所的消防設備，那麼在起火伊始，便可以滅火，避免災難的發生。」

聶之軒：「不錯。還有，作為家長，帶孩子逛商場的時候，要告訴他們那些緊急撤離的標識在哪裏。有時間的話，可以帶着孩子玩個遊戲，試着沿着緊急撤離的標識離開商場，或者沿着標識到避難區域。要知道，在不熟悉的地方遭遇火災，這些標識是可以救命的。」

小白：「那麼，小孩玩火會尿床的傳言，到底是真的嗎？」

聶之軒：「當然是沒有科學依據的，是家長嚇唬小孩子的辦法。不過，這條流傳已久的『謠言』倒是防止了不少火災的發生呢！」

CASE: 012

File Name:

致命耳光

Cause:

猝死

CONFIDENTIAL

　　夏曉曦是個不愛運動的女人，而且酷愛一些油脂類的食品，還不到四十歲，身材就顯得很是肥胖了。不過她的丈夫很愛她，所以她也並沒有甚麼減肥計劃。

　　丈夫經常提醒她，她的生活方式不太健康，希望她能夠多運動、少進食油脂，做一個健康的女人。不過這樣的勸告好像沒有甚麼作用，因為每次夏曉曦的公司組織體檢，都沒有發現她有甚麼嚴重的疾病，頂多也就是血脂高一點，有點輕微脂肪肝。因為體檢結果幾乎都正常，所以夏曉曦依舊繼續着她不健康的生活方式。

　　雖然丈夫很愛夏曉曦，但是家庭生活裏有些小矛盾也是不可避免的。在新房裝修這件事情上，夏曉曦已經和丈夫發生過很多次口角了。不過最後，都是以丈夫妥協而結束。

　　這一天，為選擇甚麼主體顏色的家具的問題，夏曉曦再次和丈夫發生了口角。夏曉曦主張要木色，顯得自然。而丈夫則希望是紅色，顯得喜慶。夏曉曦開始指責丈夫沒有審美，太土氣。因為這種鄙視，或者是因為丈夫被刺傷的自尊，兩人在家具店門口發生了激烈的爭吵。

　　情緒幾乎失控的丈夫，怒不可遏地打了夏曉曦一耳光。

　　結婚十多年，丈夫連狠話都很少有，更別說對她動粗！沒想到這一天，丈夫居然狠狠地打了她一耳光！是可忍，孰不可忍？

夏曉曦氣得發抖，在家具店老闆前來勸架的時候，夏曉曦一頭栽到了地上。丈夫見了這情況，徹底嚇壞了，趕緊上前查看。此時的夏曉曦倒在地上抽搐着，口唇青紫。丈夫頓時慌了神，不知道該如何是好。還是家具店老闆見事情不妙，撥打了電話叫救護車。

救護員和警察相繼趕到現場。救護員用聽診器聽了聽夏曉曦的心跳，又看了看夏曉曦瞳孔的對光反射情況，確定夏曉曦此時已經死亡。

「死亡」這兩個字一說出來，丈夫就癱倒在了地上。

警方立即封鎖了現場，進行了臨時的現場調查。警方從家具店老闆那裏得知，死者夏曉曦是在被丈夫打了一巴掌後倒地死亡的，便立即對丈夫進行了查問，並且電話通知法醫來現場進行勘查。

聶之軒和小白對現場勘查並對屍體表面進行檢查之後，提出要對屍體進行解剖檢驗。

經過檢驗，發現死者夏曉曦的頸部、胸部和口唇並沒有被壓迫的跡象，不符合機械性窒息死亡的徵象。全身也只有左側面頰有一些輕微的紅腫，這類輕微損傷是不足以導致死亡的，所以也排除了機械性損傷死亡的可能。在毒物化驗排除夏曉曦是中毒身亡的時候，聶之軒摘取了夏曉曦的全套器官，送往法醫組織病理學檢驗實驗室，進行法醫組織病理學檢驗。經過組織病理學檢驗，發現夏曉曦心臟比起正常人偏大，而且冠狀動脈四級狹窄，足以導致她猝死。

最終，法醫鑒定認為，死者夏曉曦是輕微外傷以及情緒激動誘發了原有潛在性疾病，導致心源性猝死。

暴力是無能者的最後手段。

——艾西莫夫

案情剖析 ★★★
猝死 APPROVED

我們把平素身體健康或者貌似健康的患者，在出乎意料的短時間內，因自身疾病而突然發生的死亡稱為猝死。

我們前面提到，人體常見的六種死因為窒息、損傷、中毒、高低溫、電擊、疾病及衰老。疾病及衰老導致人體死亡這一分類中，就有嚴重疾病導致的正常死亡和潛在性疾病導致的非正常死亡。這種非正常死亡，因為毫無預兆、死亡過程急驟，所以需要法醫來進行甄別。

猝死在法醫學實踐中非常多見。因為很多猝死是存在誘因的，比如睡夢、情緒激動、外傷、飢餓、寒冷等。尤其是以外傷和情緒激動作為誘因的猝死事件，通常是發生在打架、糾紛過程當中，所以很多死者家屬會認為行為人應該承擔「故意殺人」的刑事責任。然而在法醫鑑定完成後，這類案件當然不會被作為故意殺人案來處理，從而引起了死者家屬的異議。

猝死的種類

猝死主要有兩大類。

🔍 心源性猝死

其是指由於心臟原因導致的患者突然死亡，這是在法醫學實踐中最為常見的猝死類型。有文獻指出，「在心源性猝死的人中，八成的死因與急性冠狀動脈綜合症有關」。也就是說，法醫學實踐中，最為常見的就是冠心病（冠狀動脈粥樣硬化性心臟病）引起的猝死。

簡單說，為心臟供血的冠狀動脈，因為存在粥樣硬化，所以管腔變窄、彈性降低，在一些誘因的作用下，血管收縮，血管不通暢，從而導致心肌急性缺血，進而發生惡性心律失常引起猝死。

這些疾病，如果不做專門的檢查，是難以發現的。

🔍 非心源性猝死

猝死案例中，還有四分之一左右的患者，並不是死於心臟疾病，比如肺梗塞、支氣管哮喘、腦血管病變、急性出血性胰腺炎等。

在遇到類似此類案件時，法醫應該如何做呢？

在全面了解案情之後，法醫應該最先對其他可能存在的致死性因素進行分析和排除。如果可以完全排除其他致死性因素，那麼就高度懷疑死者是猝死。

此時，法醫會摘取死者的全套器官，進行法醫組織病理學檢驗。通過此項檢驗，可以根據組織器官的微觀結構改變，確定死者生前患有的疾病或者潛在性疾病，再根據當時可能存在的誘因進行分析，綜合判斷死者的死因，並且在鑒定書中列出誘發因素的可能性。

因為誘因在整個死亡過程中的參與度是很低的，所以行為人究竟該承擔甚麼責任，這也根據案情的不同而有不同的界定。我認為，在多數情況下，行為人只承擔死者死亡的民事責任，而並不承擔刑事責任。

自救
小劇場

小白： 「師父，我突然預感你今天要挖苦我。」

聶之軒：「你的預感頗準的。你可不能經常吃油膩的東西，而且還不喜歡運動。身材發胖倒是小事，但是讓身體處於亞健康狀態可就不好了。」

小白： 「放心吧，師父！我才二十幾歲，不會猝死的。」

聶之軒：「這可說不準，有數據統計，心腦血管潛在性疾病導致人猝死的案例中，死者年齡有明顯的年輕化趨勢。現在的生活好了，又有那麼多像網絡遊戲一樣可以讓人着迷、上癮、熬夜不睡覺的東西，也有很多年輕人患有潛在性疾病而察覺不到，所以有猝死風險了。」

小白： 「我決定明天去體檢。」

聶之軒：「其實有很多潛在性疾病，之所以被稱為『潛在性』疾病，就是不做專門的檢查，是發現不了的。即使是常規全身體檢，也發現不了。」

小白： 「師父，你說得我好絕望！猝死發病急驟，而且平時還察覺不到，那麼該如何避免和預防呢？」

聶之軒：「過分的擔憂倒是沒有必要的。畢竟猝死在整個人群中還是極少發生的。即使是在確實患有潛在性疾病的人群中，猝死也極少發生。所以，不需要杞人憂天啦！不過，擁有一個健康的身體，才是真正預防、杜絕猝死的最佳途徑。這就需要大家平時培養一個健康的生活習慣，比如不吸煙，不喝酒，多運動，少油葷、少糖飲食，控制體重，作息時間有規律，不吃垃圾食品等等。即使你現在的生活習慣並不好，但只要從今天開始，嚴格要求自己，一定可以擁有好的體格，趕走亞健康。」

小白：　「如果我已經有冠心病了，是不是就沒救了？」

聶之軒：「即使是已經患有心腦血管疾病，認真保養，積極治療，嚴格遵醫囑，是可以改善狀況的。假如已經患有很嚴重的疾病，比如冠心病，則要時刻控制自己的情緒，不劇烈運動，保持身體處於平穩和緩的狀態，隨身攜帶特效藥物。」

小白：　「看來，我還是明天早起跑步去吧！」

CASE: 013

File Name:

令人窒息的操作

Cause:

搐死

CONFIDENTIAL

夏曉曦和老公已經結婚五年了。

為了慶祝結婚五周年，夏曉曦把孩子送去了母親家，然後和老公一起去重溫青春的歲月。

這一天晚上，夫妻倆玩得很開心。他們先是去享受了燭光晚餐，然後去酒吧瘋狂到凌晨兩點。

夏曉曦不勝酒力，多喝了幾杯就幾乎喪失了意識。老公也是歪歪斜斜地揹着她，回到了家裏，四仰八叉地往床上一躺，就沉沉睡去。

第二天早晨，老公醒來時，已經時近九點了。

夏曉曦一直都習慣早起，怎麼這會兒還沒有動靜？難道昨晚真的喝多了嗎？老公推了推身邊俯臥的夏曉曦，頓時嚇得傻了。夏曉曦的身體已經變得冰涼梆硬。很顯然，夏曉曦已經死去多時了。

在勘查現場之前，警方費了很大的勁才控制住夏曉曦的父母。在此之前，他們一直在毆打自己的女婿。而這個女婿任憑岳父岳母的拳打腳踢，也不挪動半下，一副癡呆的樣子。

「如果不是做了虧心事，怎麼會這樣呢？一定是他殺害了曉曦，一定是！」夏曉曦的父母這樣說着。

現場並沒有甚麼異常，毫無搏鬥的痕跡。只是從屍體表面上看，夏曉曦的鼻子和嘴巴都歪斜了，皮膚上面印着深深的印痕。這些印痕，和她那個涼蓆枕頭的花紋高度一致。

「死者存在明顯的窒息徵象。」聶之軒對小白說，「而且口鼻腔沒有任何嘔吐物。可以肯定，死者死於機械性窒息。」

「機械性窒息有好多種啊！她是哪一種呢？」小白問。

聶之軒說：「死者頸部、胸部沒有明顯損傷，又沒有食物反流[1]，結合現場的情況以及屍體的原始體位，可以確定死者死於『捂死』。」

「啊！」小白叫了一聲，小聲說，「他殺？捂死是不是唯一一種不可能自己形成的死亡方法？」

「你記混淆了！」聶之軒敲了一下小白的腦袋，說，「唯一一種不能自己形成的死亡方法是『扼死』！恰巧，這個死者還真的就是意外死亡的。」

「啊？是嗎？那為甚麼呢？」小白撓了撓頭。

聶之軒說：「死者的全身其他地方一點點損傷都沒有，只有口鼻腔存在印痕，說明她是因為被悶壓在枕頭上，口鼻腔被完全封閉，從而導致窒息死亡的。」

「會不會是她老公把她腦袋按在枕頭上捂死的？」

「不會。」聶之軒說，「侵害動作，必然會留下痕跡。現場沒有脫落的頭髮，死者後腦和頸部沒有任何損傷，她老公是怎麼用力的呢？」

「可是，人體閉氣到極限，不都會下意識自救嗎？」

「正常人是這樣。」聶之軒在鼻子前面搧了搧，「但是你聞，這屋裏一屋子酒味，我們現在需要進行酒精檢測，確定死者處於重度醉酒狀態。一旦死者當時是這種狀態，就有無法自救的可能性了。」

> 我在呼吸銀河的碎屑，我在呼吸宇宙的病症。
>
> ——曼德爾施塔姆

註釋
1 食物反流，就是胃內容物反流入口腔，或再被吸入氣管。

掮死和扼死是兩種極其常見的機械性窒息導致死亡的種類。它們之間的區別，就是掮死侵犯的地方是口鼻腔，而扼死是頸部。

掮死和扼死雖然看上去僅僅是侵犯部位不同，但是從法醫學實踐來看，有着實質上的不同。只要明確死者屬扼死，便可明確是一宗他殺命案；而如果是掮死，則要考慮自殺、意外死亡和他殺這三種可能性。

掮死和扼死的共同點

兩種死亡的原因，其實都是呼吸道受阻，影響了氣體交換，導致窒息死亡。這是死亡的主要機制。但是，在少數情況下，扼頸導致人體死亡，也有可能是因壓迫兩側頸部血管，導致腦部缺氧而死亡；抑或是頸部神經受壓，導致心臟反射性停搏而死亡。

兩種死亡的屍體，都會有比較明確的窒息徵象，比如眼瞼出血點、面部皮膚出血點、指甲青紫、口唇青紫，解剖可以看到心血不凝、內臟瘀血、顳骨岩部出血等徵象。和縊死、勒死不同，扼死和掮死的死亡過程相對會比較長，所以窒息徵象也會比較典型和充分。

掮死和扼死的不同之處

扼死有幾種方式：徒手（單手或雙手）扼頸、肘部和前臂扼頸、器械扼頸等。因為無需工具，隨時可以進行扼頸動作；所以在兇手和被害人體力相差懸殊的時候，扼死是很容易發生的。不過，無論是哪一種方式，能夠讓被害人死亡，必然會在屍體的皮膚上留下相應的痕跡。這些痕跡，我們稱為扼痕。

皮膚表面的扼痕，有的時候可以提示很多問題。比如有這樣一個案例，一具屍體的左右頸部都存在扼痕，從左側的扼痕可以看到一些新月狀的擦傷，提示是指甲印痕；右側的扼痕非常廣泛，程度較深，提示是戴勞工手套作案。那麼，戴着勞工手套的手，怎麼會留下指甲印痕呢？睿智的法醫通過這一跡象，確定兇手只戴了一隻手套，從而順利破案。

除了導致皮膚扼痕，扼死通常還會造成頸部肌肉的出血，以及舌骨、甲狀軟骨的骨折。這些骨折和出血，對於將那些扼痕不明顯的屍體確定為扼死具有重要意義。

因為扼死這種方式自己是不能做到的，所以只要法醫確定死者屬扼死，就可以確定是他殺命案。

再說捂死。

捂死就是捂壓口鼻腔導致機械性窒息死亡。

很多人說，既然自己不可能扼自己的頸部導致死亡，那麼也不可能自己捂壓自己口鼻腔導致死亡啊！

其實不然。相對於扼死，捂死的方式更加繁多。比如，用手或者軟物捂壓口鼻腔致死，這個通常會是他殺；面朝下，口鼻埋入軟物或者泥沙內導致死亡，這樣的方式有可能是他殺。也有少數特殊情況下（如醉酒、吸毒後）屬意外死亡。膠袋等物體套住頭頸部導致死亡，這樣的方式有可能是他殺，也有可能是自殺，更多見的則是意外死亡（如小孩玩耍時用膠袋套頭部導致窒息死亡）。甚至還有一些更加離奇的捂死方式，比如曾經有報道，一個婦女在給嬰兒哺乳的時候，不慎將嬰兒緊壓在乳房上，導致嬰兒窒息死亡；一個父親熟睡後，肢體壓迫在嬰兒口鼻處，導致嬰兒窒息死亡。

和扼死的原理一樣，捂死通常也會在口鼻部留下損傷。尤其是他殺案件中，法醫均可以在死者的唇黏膜、頰黏膜、牙齦或者面部肌肉處發現損傷和出血。再結合現場和屍體的窒息徵象，得出結論也就不難了。

口鼻纏繞膠帶死亡

有人問，那口鼻纏繞膠帶死亡呢？

口鼻纏繞膠帶，要到能夠讓人窒息死亡的程度，是需要一定纏繞力度的，這樣的力度通常可以在皮膚或者皮下留下痕跡。即使留不下痕跡，法醫也可以通過排除法來確認死因。

而且，其實在法醫學實踐中，大多口鼻纏繞膠帶死亡的，都是自殺。自殺的情況下，膠帶自然就留在了死者的口鼻部。

可是，為甚麼大多是自殺呢？想想看，一個正常的成年人，怎麼可能那麼容易讓別人給自己纏繞膠帶？他勢必會掙扎。一旦有掙扎，就有抵抗傷，一旦被控制，就會有約束傷。所以，在不留下任何損傷的情況下，想通過纏繞膠帶捂死一個人，是不可能實現的。

那為甚麼自殺的人要給自己的口鼻纏繞膠帶呢？同樣的道理，上網可以搜到很多新聞，很多自殺溺死的人，都捆綁手腳、纏繞口鼻。我猜，原因就是他們堅定了必死的決心，防止自己下意識自救吧！這也是猜測，為甚麼要這麼做，恐怕只有死者自己才知道。

那如果損傷輕微，法醫會不會漏檢，從而判錯了案件性質呢？法醫也是人，當然不能排除這種可能性。但是，探案不只是法醫一個人在做，還有那麼多偵查員在調查，那麼多現場勘查員在勘查現場。只要有一方面存在疑點，警方都不會輕易放過。所以，如果我們再看到那些吸引人眼球的新聞標題時，不要盲聽盲信，要有思考，才不會被謠言蒙騙哦！

自救小劇場

小白：「哈哈哈哈，師父，你看這個笨賊好搞笑啊！這個新聞報道說，一個笨賊想鑽過防盜窗入室盜竊，結果脖子被卡住了，最後他自己報警讓消防員來救他。」

聶之軒：「其實這是很危險的事情。頸部被異物卡住也是可以導致意外機械性窒息死亡的。」

小白：「懂了，懂了，所以我們不能隨便把脖子往欄杆裏面卡對不對？」

聶之軒：「我之前說過，我們的頸部很重要，不僅有關鍵的大血管，還有提供氧氣的唯一通路——氣管；所以，要保護好我們的頸部，任何扼壓頸部的行為都是非常危險的。」

小白：「氣道的上端是口鼻，所以口鼻更要保護吧！」

聶之軒：「口鼻都可以往氣管內輸送氧氣，同時捂壓口鼻這種方式，除去有人刻意加害，還是挺不容易做到的。但是在法醫學實踐中，有一種捂死還是比較多見的，那就是小孩子玩膠袋套頭。」

小白：「如果不把膠袋紮緊，也會不能自救嗎？」

聶之軒：「對，即使不紮緊袋口，一旦因為口鼻被膠袋覆蓋而不能呼吸，缺氧發生後，可能會立即出現意識模糊的狀態，這種狀態下，可能就不會自救。不會自救，那紮不紮緊袋口，結果都是一樣的——窒息死亡。」

小白：「所以盡可能不要讓小孩子玩膠袋，膠袋對小孩子來說，也是危險物品啊！」

CASE: 014

File Name:

搭上生命的惡作劇

Cause:

嘎死

CONFIDENTIAL

夏曉曦已經十歲了，雖然是個女孩子，但是她從小就和男孩子們一起玩，養成了「瘋瘋癲癲」的性格。鄰居們都稱呼她為「瘋丫頭」。

這幾天，被隔壁胖胖惡作劇整了的夏曉曦，一直懷恨在心，不管怎麼樣，她都一定要報復一次。她想了很久，終於有了一個計策。

胖胖每週三晚上會去學英語，而週三晚上他的父母都要加班，所以這天胖胖都會在放學後自己回到家裏。胖胖家和夏曉曦家所在的社區，有一條幽黑的小路，而為了不繞路，膽大的胖胖每天都會從這裏回家。

夏曉曦的惡作劇就安排在了這裏。她決定在這條小路的一個變電箱後面躲着，等胖胖獨自回來的時候，突然跳出來嚇唬他。

可是，因為有路燈，即使是突然跳出來，胖胖還是會在第一眼就認出夏曉曦。所以，夏曉曦想，她必須得化一下妝。

去買魔鬼的面具，爸爸媽媽肯定是不允許的。只有自己做了。

夏曉曦在家裏找出一條白裙子，然後又找出了一盒魚皮花生。花生倒不是甚麼重點，只是因為這個盒子長得比較奇形怪狀。如果把這個奇形怪狀的盒子戴在頭上，那麼她一個漂漂亮亮的小女孩，一下子就變成一個形態恐怖的「魔鬼」了。

在家裏，夏曉曦把花生倒了出來，然後反覆試驗這一頂奇特的「帽子」。她堅信，在昏暗的燈光之下，她這個樣子一定可以嚇壞那個

討厭的胖胖。夏曉曦對自己的設計很得意。

晚上，夏曉曦藉着去附近買文具的理由，從家裏出來了，悄悄地躲在變電箱的後面。算着時間，胖胖也應該要回家了。

夏曉曦從家裏出來的時候，抓了一把花生放在盒子裏。她知道，等待的時間太過於無聊，所以想吃一些零食好消磨時間。在昏暗的燈光之下，夏曉曦開始玩起了雜技。這是她很擅長的把戲，就是把花生高高拋起，然後用嘴接住。這樣的動作，看着很酷。

夏曉曦一邊洋洋自得地拋接着花生，一邊用眼角掃着道路盡頭的社區大門，等待那個倒霉鬼胖胖的到來。突然，在一粒花生進入她的口腔的時候，她不小心吸了一口氣，這粒花生就直接鑽進了她的喉嚨裏。

瞬間，夏曉曦感覺到自己的呼吸異常困難，她知道此時的自己一定已經憋紅了臉。她拼命地挖着自己的喉嚨，可是甚麼也挖不到。夏曉曦越來越覺得很睏、很乏力。她靠着變電箱慢慢地坐在了地上，感覺自己全身都失去了力氣，甚至大汗淋漓。慢慢地，她失去了意識。

放學回來的胖胖，一蹦一跳。每次走過這條黑黑的小路的時候，他總是認為自己會碰見甚麼奇怪的東西，所以他大聲地唱着歌，給自己壯膽。突然，胖胖被絆了一下。他定睛一看，居然是一雙人腳！「鬼啊！」胖胖瘋了似的往回跑，不顧一切地衝進了保安室。

夏曉曦的父母哭得幾乎昏死過去，一旁的警察在不斷地安慰。

「她這麼小！怎麼會自殺？肯定是有歹徒殺害了她！」夏母歇斯底里地叫道。

人類這種生物，不管有過多少不得不伴着淚水吞咽的教訓，只要過了咽喉，所有教訓便又會被徹底遺忘。

——貴志祐介

「本來就不是自殺。但是，現場周圍沒有第二個人的足跡，而且周圍物品上也只有死者一個人的指紋。」聶之軒在一旁說，「關鍵問題是，死者身上沒有任何損傷，尤其是口鼻、頸部沒有損傷，但是窒息徵象明顯。結合周圍散落的這些魚皮花生，不僅可以排除是他人所為，更是可以確定這應該是一宗意外事件。她是被哽死的。如果家屬仍不願意相信，可以申請解剖，我猜想，她的氣管裏一定有一粒魚皮花生。」

雖然不願意相信法醫的判斷，但是大量的事實擺在面前，聶之軒說的，確實是真相。

案情剖析

哽死

APPROVED

哽死是指異物進入氣管，堵塞呼吸道，阻礙氣體交換，所引起的機械性窒息死亡。

機械性窒息死亡有很多種方式。在前文中列舉了溺死、縊死、勒死、捂死、扼死。

相對於扼死肯定是他殺、縊死多見於自殺等說法，今天介紹的機械性窒息死亡多見於意外。

這種死亡被稱為哽死。

在法醫學實踐中，哽死多見於意外，而且多見於孩童或者醉酒的人。能引起哽死的「異物」可以是任何物件。外源性的異物多見食物、果殼（核）、藥片等，內源性的異物多見嘔吐物和血。

這些異物是怎麼進入呼吸道的呢？

我們先說說咽喉部位的一個東西，叫作「會厭」。

人的咽喉是食物和空氣的必經之路。食物由口腔咽下後，經咽喉部進入食管到胃，空氣則從口鼻腔吸入，通過咽喉部進入氣管到肺。頸段食道和氣管一後一前並行，為甚麼食物和氣體各行其道，有條不紊，互不干擾呢？那是因為有會厭這個咽喉裏的指揮系統。會厭在舌頭根部後方，喉腔入口的前面，像一片樹葉挺立於舌根部，向上。會厭由會厭軟骨作架，其表面是一層粉紅色的疏鬆黏膜，黏膜下埋藏有血管和神經。其神經與中樞神經相連接。會厭一側與舌根相對，叫會厭舌面；另一側與喉腔相對，叫會厭喉面。會厭像鐵路上的岔道指揮一樣，在神經系統的支配下，做挺起和後傾的動作，使吞咽和呼吸配合得十分默契。

但是，孩童、老人或者麻醉、醉酒的人的會厭有時候會「失效」，這時候就可能把異物吸入氣管，從而危及生命。當然，會厭可能失效的絕對不僅僅是孩童或者麻醉、醉酒的人。即使是清醒的成年人，在某些外界因素存在的情況之下，會厭也有可能失效。比如

106 /

嗆水就是其中的一種表現。

雖然哽死大多見於意外，但是偶爾也會見於自殺和他殺。有的時候雖然是意外，但是也有人會為此承擔法律責任。

比如，電視上經常會播放強盜用軟布塞住被害人的嘴，有的時候因為塞得過深，軟布會進入咽喉並且堵塞呼吸道，這種哽死即是他殺。

再比如，有一宗案件，色狼強姦一名醉酒女士的時候，受害人因為腹部受壓，發生嘔吐；但因為不能翻身，嘔吐物被吸入氣管，從而哽死。這也算是他殺。

問題來了，在哽死案例中，如何分辨自殺和他殺呢？

還是那句話，對於死亡方式的判斷，絕對不能僅僅依靠法醫，而應該是多個部門相配合。

以前文所述的案例作為例子，對於一個哽死的人，首先要對死者屍體進行全面的檢查，任何損傷都不能放過。在排除藥物、酒精、顱腦外傷等能導致昏迷、麻醉的原因之後，要考慮死者是否存在威逼傷、抵抗傷和約束傷。更是要通過解剖來確定是甚麼物體導致的哽死。當這些工作做完之後，還要結合一些其他的工作結果來判斷。

比如現場勘查有沒有可疑之處，調查有沒有突出的矛盾點等等。

在排除了所有的疑點之後，顯然，一個沒有任何矛盾點的事件，一個沒有任何疑點的現場，一個清醒的人是不可能被別人硬塞異物而正好沒有吞咽反而堵塞了呼吸道的。那麼，這樣的案件，即使不確定是意外或是自殺，至少可以妥妥地排除他殺。

小白： 「師父，這屍體太臭了，我想吐。」

聶之軒： 「保持側臥位，這樣可以防止嘔吐物反流進氣管導致窒息。」

小白： 「師父，你這樣一說，我覺得我更想吐了。」

聶之軒： 「你是清醒的狀態，你的會厭也就非常清醒，所以這種情況導致危險的概率是微乎其微的。但如果你是被麻醉或者醉酒了，那這種情況就非常危險了。」

小白： 「所以，照顧麻醉和醉酒的人，最重要的就是讓他側臥？」

聶之軒： 「仰臥，是最有可能發生反流性窒息的，俯臥的話，又有可能導致口鼻腔壓閉而被捂死，所以側臥是最安全的。」

小白： 「我記得《絕命毒師》中似乎有這樣一個片段，一個吸毒而意識恍惚的人，正在嘔吐，主角為了讓她死，就沒有讓她側臥，而是讓她仰臥，最後就死了。」

聶之軒： 「對，她就是哽死。當然，在法醫學實踐中，哽死不僅僅是這一種情況。有的老人吃一個雞蛋黃被哽死了；一個小孩子把一顆玻璃彈珠放到嘴裏玩，結果被哽死了⋯⋯這些情況都是很多見的。」

小白： 「怪不得很多兒童玩具上都寫着玩具裏含有小配件，謹慎防範兒童吞食甚麼的。」

聶之軒： 「是啊！作為家長，也是要注意不能給孩子玩小的玩具，要教育孩子不能將玩具放入口中。還有，即使是成年人，也有哽死的案例。在食用那些光滑的食品的時候，方法也非常重要。比如吃果凍，如果很喜歡直接吸食，就很危險，一旦控制不好，果凍可能就被直接吸入氣管而導致人哽死了。」

CASE: 015

File Name:

死於體罰

Cause:

體位性窒息

CONFIDENTIAL

夏曉曦是個嗜賭如命的女人。

身為全職太太的她，幾乎一有機會就會出去打麻將。丈夫是個有錢人，她絲毫不缺生活費，但是即使這樣，她也會經常讓幾歲的孩子一個人在家，而自己跑去鄰居家裏贏個幾百塊的。

丈夫對夏曉曦的這種行為深惡痛絕，但又毫無辦法。因為家庭的責任，因為孩子，他不能離婚。然而只要他一出去工作，夏曉曦就會偷偷溜出門去。輸一點錢事小，把那麼小的孩子一個人放在家裏，萬一有個甚麼三長兩短，可就是大事。

因為賭博的事，兩人吵了不少次架。

但是每次吵架，也最多不過就只是讓夏曉曦緩個三五天。三五天後，夏曉曦就繼續我行我素。

果然出事了。

丈夫在和客戶談生意的時候，突然接到夏曉曦的電話，説是兒子從床上跌了下來，頭上摔出了一個大傷口，血流不止。丈夫二話不説，就趕回家裏。而在路上，丈夫到黑市場上買了一副手銬。

丈夫知道，這又是夏曉曦不負責任造成的後果。

回到家裏，丈夫不由分説，把夏曉曦壓倒在床上，用手銬銬住了她的雙手，然後把她反吊在窗框之上。

「我看你還有沒有本事再跑！」丈夫怒吼着，抱着孩子衝向了醫院。

「不要這樣！不要這樣！這樣我好難受！」夏曉曦哀求着，但是卻沒有換來丈夫一絲絲心軟。

孩子摔得並不重，進行了簡單的清創縫合後，就無大礙了。但是畢竟是孩子，醫生還是不放心，於是要求丈夫陪着孩子在醫院裏留院觀察一夜，以防止存在沒有被發現的顱腦損傷。

一夜很快就過去了，丈夫抱着熟睡的孩子回到了家裏；然而，他發現夏曉曦居然保持着那個反吊的姿勢睡着了。

丈夫看着有些心軟，走過去推了推夏曉曦的肩膀。讓他驚訝的是，夏曉曦的肩膀是那麼的堅硬。從她烏紫的嘴唇看，她已經死去多時了。

「反吊着也能死人嗎？」在被警察銬住雙手的時候，驚慌過度的丈夫終於清醒了過來，他不敢相信，自己這麼簡單的懲罰性動作，居然要了妻子的性命！

「體位性窒息。」聶之軒淡淡地說，「是你銬住她，導致她體位性窒息，從而死亡。」

如果你真的有權力，也是因為你能寬容誰，而不是能夠懲罰誰。

——《舒特拉的名單》

其他比較少見的機械性窒息死亡包括有體位性窒息、擠壓窒息和性窒息。

在介紹過諸多常見的機械性窒息死亡的死因之後，現在把其他比較少見的機械性窒息死亡一起介紹一遍。

這些並不常見的死因偶爾也會在法醫學實踐中出現。它們分別被稱為體位性窒息、擠壓窒息和性窒息。

體位性窒息

體位性窒息是指因為長期被限制於某種異常體位，而導致的機械性窒息。它的致死原理主要有：因為長時間異常體位，使得呼吸肌長時間處於吸氣或呼氣的狀態，導致呼吸肌疲勞，換氣功能逐步減弱，慢慢發生缺氧，從而導致死亡。又或是體內二氧化碳大量瀦留，引起呼吸性酸中毒，代謝障礙，從而導致死亡。

體位性窒息的鑑定要點是「異常體位」和「窒息」。

在這種死亡中，屍體的窒息徵象會非常明顯，全身性瘀血、發紺，黏膜出血點，內臟水腫。而且可以排除其他機械性窒息死亡所應該導致的損傷。

「異常體位」這四個字尤為重要。如果是正常體位，哪怕再長的時間，一般也不會導致呼吸肌的疲勞和麻痺，也不會導致窒息。

有一宗錯案中，警方在審訊嫌疑人的時候，嫌疑人突然心臟疾病發作而死亡。而法醫卻錯誤地把這個死亡定義為「體位性窒息」，導致警察蒙冤入獄。這宗案件中的法醫，就沒有能夠把握住「異常體位」這個關鍵問題。同時，也因為這個異常體位，在多數體位性窒息死亡的案件中，被害人都有因被捆綁、約束而導致的約束傷，這也是法醫鑑定體位性窒息的一個比較關鍵的點。比如前文所述的

案例中，夏曉曦的雙手被手銬銬住是現場的一個確證，即使是其丈夫隱藏手銬，依舊不能隱藏她手腕處的約束傷。

體位性窒息多見於過失致人死亡，因為其致死的概率問題（並不是每個人處於異常體位都會死亡），所以故意殺人或自殺中罕見。

擠壓窒息

我們都知道，捂壓口鼻、扼壓或勒頸部等，都會導致呼吸道的閉合，從而導致缺氧窒息而死亡。其實拋開口鼻、頸部這些關鍵部位，擠壓胸腹部也是可以導致窒息死亡的。

呼吸運動，顯然不是氣管和口鼻腔換氣那麼簡單的。只有胸腹部可以運動，肋骨可以上舉，膈肌可以下降，呼吸運動才能正常地進行。

如果胸腹部被重物壓迫，導致肋骨和膈肌的運動受限，呼吸運動也就不能進行了。此時，即使呼吸道是通暢的，依舊不能進行換氣，從而導致機體的窒息死亡。這種死亡，我們稱為擠壓窒息死。

有報道稱，因個體差異，個體在胸腹部同時受到 50~80kg 的重力壓迫時，就有可能死亡，而且可以在十幾分鐘之內死亡；如果僅僅是胸部受壓，腹部不受壓，也有可能死亡，但是死亡的過程會非常緩慢。

因為需要足夠重力長時間的擠壓，所以這種死亡方式多見於意外事故，比如地震、泥石流等。但在他殺案件中，也有行為人用此種辦法對付嬰幼兒或者老年體弱者。

法醫學實踐中，對於此類案件的判斷，主要還是要看屍體上的附加損傷，是符合意外還是他殺。另外，還要結合現場勘查，排除外來人員的痕跡物證以排出他殺可能性。

當然，同樣是被重物擠壓致死，除了擠壓窒息，還有其他不同的死因，比如被重物壓破了內臟器官和大血管導致死亡，再比如擠壓綜合症等。

性窒息

　　這對大多數人來說應該是個陌生的名詞。但是在法醫學實踐中卻偶有見到。

　　性窒息是由性心理變態者，以奇特的方式，造成一定的缺氧狀態，刺激其性慾，但在實施的時候，措施失誤或過度而導致的意外窒息死亡。

　　死者身上通常會有很複雜的捆綁痕跡，說起死因，更接近自殺縊死。但是，死者之所以對自己實施這樣的行為，並不是像縊死那樣為了結束自己的生命，而是想通過半窒息狀態，獲取性快感。

　　因為其奇特的現場表現，這樣的案件通常會被誤認為他殺。

　　比如在網絡上「紅極一時」的「紅衣男孩事件」就很有可能是性窒息。正是因為大多數人不知道性窒息這個概念，所以對這起案件的結論無法理解。

　　性窒息多發生於男性，多在偏僻的場所，多見異性裝扮（如男性穿著女性的內衣），甚至是一些奇裝異服，多在現場可以找到一些淫穢物品，多有裸露生殖器的現象。

　　這樣的現場，對有經驗的法醫來說，很容易判斷為性窒息。但是為了查明真相，屍檢和現場勘查還是必不可少的。

　　進行屍檢，首先是要排除其他的附加傷，然後確定這些繩結的捆綁是由死者自己可以完成的。複雜的繩結，對於殺人者來說，完全沒有必要。即使是殺人者希望打出複雜的繩結，那被害人也要完全配合才能不形成其他的附加傷。

　　現場勘查更為重要，除了收集可以支持性窒息的證據，還要排除有其他人在現場的痕跡。盡可能地確定現場只有死者一個人，是死者自己完成了所有的捆綁動作，是確定性窒息的一個重要支持依據。

自救
小劇場

小白：　「師父，我看電視劇時見到主角最後被埋在地下，只留個頭在外面的鏡頭，感覺很心痛啊！」

聶之軒：「嗯，這裏確實有一個謬誤。很多人認為，只要保持氣管的通暢，就不會發生窒息死亡了。」

小白：　「師父！我和你說個電視劇情節，你也能科普？」

聶之軒：「這個我還是得說說，讓更多的人知道。其實即使我們的呼吸道是通暢的，但是胸廓活動受限或者呼吸肌麻痹，都是可能導致窒息死亡的。簡單說，呼吸不僅僅需要一個氣管，更需要呼吸運動的『發動機』正常。」

小白：　「所以你說，電視劇裏的特工被埋在地下，根本無法對話，而是會直接窒息死亡，對嗎？」

聶之軒：「這是當然，胸廓被埋，呼吸運動就無法進行了，即使頭在外面，一樣會窒息死亡。」

小白：　「知道了，知道了，我保證不會把自己埋在土裏。」

聶之軒：「我們經常看到在海灘上，有人用沙子把自己幾乎全身埋起來，只留個頭在外面。因為沙子是鬆軟的，所以並不會限制胸廓的運動。但是如果埋的沙土被搗實，或者沙土上有人繼續施壓，就可能導致胸廓運動受限而窒息。所以，這樣是很危險的，我們必須要杜絕。另外，如果一個人保持一個非正常體位很長時間，比如雙手反綁縊吊，或者把人的雙手銬在較高的位置一段時間，都會導致呼吸肌麻痹，從而引起窒息死亡。這種情況，我們在一些非正規學校經常遇到，一些老師會用這種方法去懲罰學生。」

小白：　「放心吧，師父！我是不會讓人埋了我或者被別人吊打的。」

CASE: 016

File Name:

悲傷的旅行

Cause:

交通事故

CONFIDENTIAL

夏曉曦和丈夫是資深背包客，他們最大的愛好就是徒步旅行。

這一天，天色將暗，夏曉曦夫妻二人徒步到了一片曠野之中。站在狹窄的柏油路上，眺望那一望無際的曠野和那瑰麗的夕陽，實在是太愜意了。

夫妻二人並肩坐在柏油路邊，相互依靠，目視那夕陽緩緩落下。

「日落到天黑，還有半個小時的時間。」丈夫說，「從導航上來看，前面這個岔路口兩個方向都能到達小村莊。不過，究竟哪邊更近一些，還需要我沿着這條柏油路翻過小山坡去看看。」

「可我實在是走不動了。」夏曉曦說。

「為了不走冤枉路，你在這裏坐着等我吧！」丈夫說，「我去去就回，頂多半個小時。」

夏曉曦點頭應允，獨自坐在柏油路邊，繼續欣賞晚霞輝映下的曠野。

半個小時後，丈夫如約歸來。

遠遠的，丈夫就看見夏曉曦躺在路邊。他心中一樂，心想這麼快就睡下了，看起來，身體質素還是遠遠不夠啊！

「曉曦！」丈夫喊道。

夏曉曦紋絲不動。

「夏曉曦！」丈夫發現了異樣，跑了幾步蹲在夏曉曦的身邊。

此時的夏曉曦臉色蒼白，頭下有一大攤殷紅的血跡。

警察抵達現場是十五分鐘以後了。

　　「不知道是誰突然襲擊了她！」丈夫泣不成聲。

　　聶之軒蹲在夏曉曦的身邊，用戴着橡膠手套的手撥動夏曉曦的頭髮，說：「死者右側顳部有一個『L』形的挫裂創，應該是有這樣棱邊的金屬鈍器作用形成的。」

　　「斧背嗎？」小白猜測道。

　　「我們都是來旅遊的！誰這麼狠心要殺死她？」丈夫哭訴道。

　　「你冷靜一點。」聶之軒說，「天已經黑了，先將屍體拉回殯儀館，進行進一步檢驗吧！」

　　經過兩個多小時的屍檢，聶之軒走到解剖室外，對夏曉曦的丈夫說：「這是一宗交通事故。」

　　「交通事故？」丈夫有些驚訝。

　　聶之軒點了點頭，說：「死者的頭部只受到過一次撞擊力，但是這個力卻導致了死者整個顱骨的崩裂，我們稱之為全顱崩裂。一次外力就導致全顱崩裂，顯然是非正常人為外力可以造成的。」

　　丈夫還是沒有回過神來。

　　聶之軒接着說：「死者的損傷外輕內重，一次形成。而且，她的突出部位，比如手肘、腕部都有明顯的擦傷，說明她是在路邊的時候，被一輛疾馳而過的車輛的某個部位撞擊了頭部，倒地後，因為加速度的作用，身體還在地面滑行了一段距離。」

　　「可是在現場的時候，你不是說有個『L』形棱邊的東西作用嗎？」丈夫問。

　　聶之軒點點頭，說：「不錯，如果死者當時是處於坐着的體位，那麼高度大概正好和一輛小型廂式貨車的車廂一角差不多高。」

　　「這個案子我們要移交給交通警去辦了。」警察說，「道路的盡頭有閉路電視，再加上特定的時間點，以及法醫分析的車輛外形，我相信交通警很快就能偵破這一宗交通肇事逃逸案。」

　　有些時候我們就活在即將發生衝撞的軌道上，渾然不知。

　　　　　　　　　　　　　　　　　　——《奇幻逆緣》

交通事故損傷是法醫經常見到的損傷之一。作為非正常死亡的一種，由交通事故導致死亡的屍體，同樣需要法醫進行檢驗。

隨着現在道路交通的飛速發展，交通事故也逐漸增多。交通事故分為很多大類，比如以溺死為主要死因的船舶交通事故，以挫碎傷為主要損傷的鐵路交通事故，還有以墜落傷、凍傷、撞擊傷等複雜損傷為主的飛行器交通事故。上述幾種交通事故都是比較罕見的，所以我們在這裏主要講一講道路交通事故。

道路交通事故的構成因素為人、車、路。就是這三者的相互作用，形成了一些特有的損傷特點。法醫可以通過這些損傷特點，判斷案件的性質，分析車輛的形態和速度，判斷誰才是駕駛員，等等。

説起道路交通事故損傷，我們將其分為以下幾個部分。

行人損傷

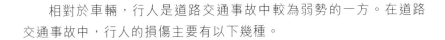

相對於車輛，行人是道路交通事故中較為弱勢的一方。在道路交通事故中，行人的損傷主要有以下幾種。

🔍 撞擊傷

這是最常見的損傷。一般車輛撞擊到人體後，會在撞擊處留下比較嚴重的損傷，比如挫裂創和骨折。和被鈍器打擊形成的損傷相比，撞擊傷主要有一次形成、外輕內重等特點。一般在交通事故當中，只能看到一次形成的挫裂創，而在兇殺案件中，大多是多次打擊。而且，撞擊傷的力量取決於車輛的速度，所以這樣的力量有的時候會遠遠超過打擊的力量。比如人為打擊外力只能把顱骨打骨折，而撞擊力可以導致全顱崩裂。

🔍 摔跌傷

這種以擦傷、挫傷、對沖傷等損傷為特點的摔跌傷，也幾乎是所有道路交通事故損傷中必然存在的。車撞了人，人會因為動能而被拋出，那麼無論是摔跌在路上，還是摔跌在引擎蓋上，都會形成形態不同的摔跌傷。所以，人體突出關節、手等部位是否有擦傷，有的時候也成為判斷是否是道路交通事故損傷的一個重要依據。

🔍 碾軋傷

在很多道路交通事故中，人體被撞倒之後，還可能被碾壓。因為車輪的摩擦作用以及車輛自身重量的壓力作用，可能導致多條平行的、沿著人體皮膚皮紋[1]方向的撕裂口，或者導致內臟的破裂和肋骨的大面積骨折。有的可以在人體的皮膚或者衣物上留下車輪胎的印記。對碾軋傷的分析判斷，有助於分析碾壓行為是無意還是故意，從而判斷案件性質。

🔍 拖擦傷

道路交通事故是一種比較複雜的成傷方式，除撞擊、摔跌以外，還存在人體被車輛拖拽的可能。因為路面都是粗糙的，所以這種拖拽會導致人體大面積表皮剝脫。而且這些表皮剝脫都是方向一致的，被法醫稱為刷狀擦傷。

汽車車內人員損傷

當然，在道路交通事故中，受傷的不僅僅是行人。在車輛互相撞擊、車輛撞擊不動物體、車輛發生翻滾傾覆等諸多狀況中，車內人員損傷也具備獨有的特點。

註釋

1 皮紋，皮膚表面自然形成的很多隆起與凹陷的紋路。皮紋是由於皮膚真皮結構中一束束彈性纖維與膠原纖維總是按一定方向排列所形成的。

揮鞭樣損傷

這是一種比較常見的損傷，甚至在全部致命性車禍中佔到了30%。正常人的頸椎活動度有限，如果把頸椎比喻成一根鞭子，活動度小的第 6、第 7 頸椎就是柄，而以上的部位則是鞭梢。在車輛發生急剎的時候，頸椎會像鞭子一樣在慣性的作用下而揮動。這種揮動，可能損傷頸椎當中的頸髓，從而直接致命。如果佩戴了安全帶，這樣的揮動幅度就會大大減小。所以如果有人認為安全帶僅僅是防止撞擊汽車擋風玻璃導致顱腦損傷，有氣囊也一樣，那就大錯特錯了。

撞擊傷

和行人一樣，車內人員和車輛框架、玻璃的撞擊，有時候也一樣是致命的。雖然現在車輛的安全性能正在不斷地提高，但是車內人員的撞擊依舊是一件很危險的事情。

其他損傷

因為車輛內部的構造不同，所以車內人員在發生交通事故時產生的損傷也不同。但是任何車輛都有方向盤和安全帶這兩個形態特殊的物件。所以研究方向盤造成的損傷和安全帶造成的損傷，有的時候也對法醫學分析存在積極作用。

其他車輛損傷

道路交通的構成，不僅包括汽車、人、路，還有其他種類的車輛，比如電單車、滑板車、單車等兩輪車，電動或機動三輪車等。這些車輛相比於汽車，在發生交通事故的時候，更加容易使人受傷，且損傷更加嚴重，通常是以多處骨折、顱腦損傷等摔跌性、撞擊性損傷為主。尤其是電單車，車速快、設施差，如果不戴頭盔或者騎車載人，一旦發生交通事故，非死即傷。據文獻報道，電單車事故死亡率比汽車要高出二十多倍。

法醫研究交通事故損傷也非常有必要。另外，對於交通事故發生之後，是否存在二次碾壓等故意殺人的行為，也是法醫的判斷重點。在有的交通事故中，還需要法醫來判斷誰才是駕駛員。

　　舉個例子，一輛汽車在夜晚行駛的時候，突然衝出石壆，翻入路邊河中。雖然車內五人都從車裏爬了出來，但是因為受傷、體力透支的原因，除了其中一人，其他全部溺死在水中。交通警從水中打撈上來一輛車和四具屍體。那麼，誰才是駕駛員呢？是四名死者中的一人，還是那名倖存者呢？最終，法醫根據倖存者身上的方向盤損傷和手掣、引擎蓋按鈕等特殊部位造成的損傷，確定了倖存者在出事的時候就坐在駕駛座，也就是說，他就是駕駛員。於是倖存者不僅要承擔交通肇事的刑事責任，還需要向四名死者家屬進行民事賠償。

自救
小劇場

小白： 「師父，每年的非正常死亡案件裏，甚麼死法最多呢？」

聶之軒：「當然是交通事故。」

小白： 「我經常關注網上展示的交通事故行車紀錄儀影片，有的真是觸目驚心啊！這些都是血淋淋的教訓，為甚麼人們都不引以為戒呢？」

聶之軒：「隨着交通安全意識宣傳面的拓展、宣傳力度的加大，越來越多的人已經樹立了牢固的交通安全意識了。但是，隨着社會經濟的發展，車輛越來越多，道路情況越來越複雜，交通事故還是無法完全避免的。」

小白： 「考駕駛執照時就是考道路使用者守則，難道這樣還不能讓守則深入人心嗎？」

聶之軒：「當然，預防交通事故的第一法寶就是嚴格遵守交通規則。可是，交通事故的發生，不僅僅是機動車駕駛員一方的問題，有很多交通事故的發生源頭是行人、非機動車駕駛人甚至是乘車人。所以，為了更好地預防交通事故，我們都要認真學習道路交通條例，而且要對法律足夠敬畏，嚴格遵守法律。」

小白： 「加大處罰力度，會不會好一些？」

聶之軒：「這些不是我們考慮的問題。不過，我們不僅要學法、懂法、守法，還要養成良好的駕駛習慣，要樹立牢固的交通安全意識。駕駛員要從學駕駛的時候就培養正確的駕駛習慣，善於總結駕駛經驗，鍛煉應急處置能力。而作為行人，則要培養良好的自我保護和緊急避險的意識和能力。有很多交通事故，都是一念之差、一着不慎而導致的。在複雜的道路交通環境中，時刻保持冷靜、清醒、警惕，就是最好的護身符了。」

小白：「冷靜，對對對！有很多交通事故都是因『路怒症』而起的吧？這些『路怒症』似乎就不是單純的『過失』，而有一些『故意』的成分了。」

聶之軒：「對，除了意識、能力，就是心態了。良好的駕駛心態，可以有效避免交通事故的發生。當然，你說的『故意』的成分，不僅有『路怒症』，還有酒駕。嚴懲酒駕，醉駕入刑，這些都是早就應該做的事情。不過直到現在，還是有很多人會鋌而走險，這是我完全不能理解的事情。」

小白：「看來，營造一個和諧安全的交通環境，還真是任重而道遠啊！」

聶之軒：「從你我做起吧！」

CASE: 017

File Name:

一吻致死

Cause:

抑制死

CONFIDENTIAL

今天是夏曉曦的大日子，她終於要舉行婚禮了。

從小到大，夏曉曦都平凡無奇，從來不會成為甚麼場合的主角。這是第一次，夏曉曦今天一改以往的樸素打扮，穿上盛裝，顯得格外光彩奪目。

今天的夏曉曦真的很開心。

來了好多親戚朋友，酒店的宴會廳裏足足坐了二十桌人。夏曉曦和新郎一桌一桌地敬酒，雖然喝的是茶，但她也不知不覺地就「醉」了。

過度的興奮以及連續的應酬，讓這一對新人疲憊不堪。尤其是新郎，他在同學那幾桌，被逼着多喝了幾杯白酒。疲憊加上酒精的作用，這對新人甚至在回新房的車上就快要睡着了。

回到了新房，新郎迫不及待地把夏曉曦抱起，在她的頸部狂吻了一番。夏曉曦覺得癢，嬉笑着掙扎。愈是掙扎，新郎愈是不依不饒，吻住夏曉曦的頸部不放。

慢慢地，夏曉曦不再掙扎，也沒有了聲音。昏昏欲睡的新郎並沒有想進一步做甚麼，見夏曉曦已經睡了，他也翻了個身，躺在夏曉曦的身邊，呼呼大睡。

只是新郎在朦朧之中，感覺自己牽着的夏曉曦的手，好像有一些冰涼。

新郎一覺醒來，已經日上三竿。他揉着惺忪的雙眼，推了推身邊

的夏曉曦。這一接觸，他感覺到了明顯的異常。夏曉曦原本豐滿、富有彈性的身軀，此時變得冰涼而堅硬。新郎試着不往那方面去想，但是眼前的景象已經證實了最壞的結果。

夏曉曦已經死了。

警車包圍了屋苑，幾名警察圍着嚇得瑟瑟發抖的新郎詢問着甚麼，另幾名警察攙扶着呼天搶地的夏曉曦父母，防止他們悲傷過度，也防止他們毆打新郎。

在現場進行屍表檢驗後，聶之軒甚麼也沒有發現，只能排除夏曉曦死於機械性窒息和機械性損傷。但是這樣的一個封閉現場，這樣一個生前體健的女子，她究竟是如何死亡的呢？

現場的局面看起來充滿了悲慟，但是卻隱藏着危險。娘家人和婆家人之間的矛盾一觸即發。娘家人認為自家的孩子被殘忍害死，而婆家人則認為夏家嫁了一個有病的孩子過來，讓他們來承擔責任。

「這種情況，法醫在現場甚麼也不能説。」聶之軒對小白説。

解剖室裏，聶之軒對夏曉曦的屍體進行了全面、系統的解剖檢驗，發現婆家人和娘家人説的都不對。

夏曉曦不是被人殘忍害死的，她的全身沒有致命性的損傷。

夏曉曦也不是個有病的人，從組織器官形態來看，即使不去做組織病理學檢驗，也大概能確定她是個健康的人。

在排除了所有常見的死因之後，一塊紅色的印記解開了聶之軒的疑惑。

在夏曉曦頸部右側，有一塊殷紅的紅斑。這是新郎給她留下的吻痕。然而，正是這一塊吻痕，要了夏曉曦的命。

最後，聶之軒判斷，夏曉曦是頸動脈竇受到了壓迫，致使心跳、呼吸驟停而被抑制死。這是一場意外。

不受激情感動的日常生活是冗長無味的。一旦有了激情，生活中卻又充滿了苦痛。

——阿圖爾·叔本華

抑制死是指由於身體某些部位受到輕微的、對正常人不足以構成死亡威脅的刺激或外傷,通過反射在短時間內令心跳停止導致的死亡。

抑制死是一種非常少見的死亡原因,但是因為它出現得急驟,而且不可預見,所以極易引起誤會、不理解以及輿論的廣泛關注。在醫療活動當中,有時也會突發抑制死,從而造成死者家屬的誤解,引發醫療糾紛等。

甚麼是抑制死呢?今天我們就來說一說這種非常少見,但是每次出現,都會引起不小波瀾的死亡原因。

抑制死,是指由於身體某些部位受到輕微的、對正常人不足以構成死亡威脅的刺激或外傷,通過反射在短時間內令心跳停止導致的死亡。屍檢一般不會發現明確死因。

在 1894 年,兩位醫學家勃羅亞德爾(Brouardel)和貝納姆(Benham),報道了一些在喉部或心前區受到顯著輕微的打擊後突然死亡的病例。他們第一次在報道中提出了「抑制死」這個名詞。經過一百多年的醫學實踐和法醫學實踐,這種死亡原因也被大量的實踐案例證實。

抑制死的發生原理

抑制死,是由於一些支配心臟活動的迷走神經受到刺激後過度興奮,致使心血管活動突然被抑制而發生心搏驟停,從而導致的死亡。比如上述案例中,當頸部兩側受到暴力累及頸動脈竇時,頸動脈竇內血壓迅速升高,引起壓力感受器強烈興奮,就會通過迷走神經反射導致心搏驟停,從而產生不幸的結果。

可以刺激迷走神經的，當然不僅僅是「吻頸」。在法醫學實踐中，我們發現，利用鈍性外力擊打或壓迫頸部、心前區、心後區、會陰部，以及某些醫療活動，如胸腹部穿刺，尿道擴張、引流等，都可能導致抑制死。

這也是我們在電視劇中經常看到的，有人用手掌往他人頸部側面一砍，他人迅速喪失意識而昏厥倒地的理論基礎了。

頸動脈竇受擊打或壓迫，導致昏厥是比較多見的，導致死亡卻是比較罕見的。不過，並不是說頸動脈竇受到擊打，就一定會導致昏厥。這也是此類電視劇的一個「bug」（漏洞）。如果人沒有昏厥怎麼辦？

有些人看完這些後，就會比較擔心了。我們知道了這些地方受到打擊有可能會導致抑制死，但是我們總不能時時刻刻都保護着這些地方吧？萬一被碰到了怎麼辦？

其實這就是杞人憂天了。我在前文已經說過，這種死亡事件發生的概率極小。抑制死的發生和人體狀態、健康狀況、神經敏感性等個體因素相關，即使在同一個體身上，也並不是受了外力就一定會昏厥或者死亡。

比如：在一則學生鬥毆案件中，一個男孩被別人一拳擊中胸口，立即發生心搏驟停而死亡；在一個流產的醫療糾紛案例中，一名女士去醫院進行流產手術，手術還未正式開始，只是牽拉了宮頸口就發生了心搏驟停而導致死亡。但絕大多數人被擊打胸口、進行流產手術都不會有生命危險，這就證實了抑制死的個體差異性以及極端偶然性的屬性。

如何判斷抑制死

法醫在接到此類案件的時候，首先要了解案情、查明死亡之前的過程。在屍檢的過程中，要確實排除窒息、損傷、電擊、高低溫、疾病和中毒等死亡原因。結合調查情況，法醫才可以出具抑制死的鑒定結論。

比如之前說的學生鬥毆案件中，法醫通過屍檢發現，死者的心前區皮膚有一小塊瘀血，但是並沒有發現其他可以致命的損傷。胸口也僅僅是瘀血，並沒有肋骨骨折、氣胸或者胸腔器官血管破裂的情況。在排除了其他的死因之後，法醫了解了案情和死亡過程。死者在胸口被拳擊之後，立即倒地，神志喪失，面色蒼白，四肢冰冷。那麼，在這個案件中，法醫就有充分的依據判斷死者是心前區遭受鈍性暴力，導致抑制死。當然，在這起案件中，因為有毆打行為，即使是極小概率事件，行為人也應該承擔相應的刑事責任。不過，如果抑制死是由正常的醫療行為導致的，那麼這種死亡事件就不應該被稱為「醫療事故」。

綜上所述，法醫對抑制死的判斷，其主要手法是「排除法」。換句話說，法醫不能根據死亡過程來直接認定抑制死，認定抑制死的前提是排除了其他死因的可能。

最後，在抑制死發生的前夕，如果採取的措施得當，是有希望避免悲劇發生的。對於以「心搏驟停」為主要徵象和致死機制的抑制死，如果在發生前夕，立即採取胸外按壓、口對口人工呼吸等急救措施，是有希望把即將發生抑制死的人從死神手裏搶回來的。

小白:	「頸動脈竇受輕微外力就能致死！師父你說的真對，可我們的脖子也太脆弱了。勒、扼，會導致窒息；受傷，會導致失血。可是，這輕微外力都會弄死人，這也太誇張了。」
聶之軒:	「抑制死是一種極小概率事件，倒是不需要甚麼特別防範，平時注意不讓心前區、頸動脈竇位置、會陰部受傷，就可以最大限度地防範了。不過，有一點要特別提一下。」
小白:	「甚麼？」
聶之軒:	「我上次看到一則影片，在馬拉松賽場上，一名選手身體不適，突然暈倒。周圍的熱心群眾上來就一頓胸外按壓，可是那名選手明明還在動。」
小白:	「這個我知道，胸外按壓之前，首先要確認當事人有沒有呼吸、心跳，有沒有意識，可不能亂做。那個選手可能本來只是有點暈，最後卻給人按得胸痛。」
聶之軒:	「是啊！人明明還有心跳，你去反覆按壓，反而有可能引起當事人的抑制死。那樣可就是好心做壞事了。當然，如果我們在日常生活中見到有人受到輕微外力就倒地，心跳、呼吸停止的情況，那就有可能是抑制死了。在這種情況下，如果及時有效進行 CPR（心肺復蘇法），是有機會搶救回一條生命的。」
小白:	「所以凡事不能只知其一不知其二，對吧？」
聶之軒:	「是的。另外，還有一點要提示。在抑制死的發生場景中，有不少是在進行醫療行為中發生的，比如胸腹部穿刺或者尿道擴張等。這樣的情況很容易引起醫療糾紛。」
小白:	「其實，這只是單純的醫療意外。」
聶之軒:	「是啊！所以有很多知識是需要提前科普的。事情發生後再去解釋，可能別人就不信了。」

CASE: 018

File Name:

頭髮下的秘密

Cause:

顱腦損傷死

CONFIDENTIAL

　　夏曉曦彷彿是和丈夫吵架了。她的母親給她打電話的時候，感覺夏曉曦的聲音不大對勁，而且彷彿聽見有她丈夫罵罵咧咧的背景音。確實，夏曉曦結婚後一年，和丈夫關係就不太和諧了，吵嘴、打架成了家常便飯。

　　可憐天下父母心，夏曉曦的父母想來想去還是不放心，又打了個電話，可是沒有人接聽。不過天色已晚，也不方便過去看看，夏曉曦的父母熬了整整一夜，第二天一早就趕到了夏曉曦家裏。

　　可是眼前的景象把他們驚呆了。

　　夏曉曦的家已經被警察設立了封鎖帶。他們瘋了似的想衝進家裏，卻被警察攔了下來。一問才知道，夏曉曦昨天晚上睡覺的時候，不慎從床上跌落，頭部受傷，死亡了。

　　在臥室的門邊，夏曉曦的丈夫跪在地上哭泣，他自責因為自己睡得太熟，沒有及時發現夏曉曦跌落床下。如果發現得早，夏曉曦說不定還有得救。

　　警察們首先排除了有外來人進入室內的可能。那麼，只剩下兩種可能：一種是夏曉曦意外死亡，一種是她丈夫殺害了她。

　　夏曉曦躺在床邊，並沒有想像中那麼血跡斑斑。事實上，她的皮膚沒有破損，所以也沒有出血。經過法醫初步屍表檢驗發現，除了頭部，她全身沒有任何損傷。僅僅在她的額部有一個皮下血腫。

看起來，她真的像是從床上跌落，撞擊到了額部，導致顱腦損傷而死亡。

　　不過，為甚麼額部着地致死，被發現的時候卻是仰面的？參與案件的人員眾說紛紜。有的警察認為，顱腦損傷後，夏曉曦可能仍然具備活動能力，所以自主翻身求救；也有的法醫認為，是丈夫在發現夏曉曦屍體後，翻轉觀察、施救，但因為情況緊急，所以沒有提供這一挪動屍體的訊息；還有的警察認為，這可能不是一宗單純的意外事件。

　　既然有爭議和疑點，警方決定對夏曉曦的屍體進行解剖檢驗。

　　跟屍表檢驗的結果一樣，夏曉曦除了頭部，其他部位沒有任何損傷。但是聶之軒切開夏曉曦頭皮的時候，發現她的帽狀腱膜下，有一塊不小的血腫。打開頭皮以後，發現夏曉曦的頭部有一條線狀骨折線，從額部向頂部延伸。鋸開顱骨以後，發現夏曉曦的額部有一大塊硬膜下血腫、蛛網膜下出血，而且還有一塊比較嚴重的腦挫傷。同時，在夏曉曦的枕部腦組織上，聶之軒也發現了一處腦挫傷。而這處腦挫傷對應的顱骨和頭皮沒有損傷。

　　「這是對沖傷嗎？」小白指着夏曉曦枕部腦組織的挫傷說。

　　「是的。」聶之軒說，「腦挫傷，一般對應部位的頭皮、顱骨會有損傷。如果腦損傷對應的頭皮、顱骨沒有損傷，而對側部位頭皮有損傷，那肯定就是對沖傷。」

　　「這既然是對沖傷，」小白說，「看起來她真的是摔跌導致的顱腦損傷。」

　　「不。」聶之軒搖着頭說，「對沖傷只能說明是頭顱在運動中受力突然靜止而導致的損傷，是減速運動損傷；但減速運動損傷不等於摔跌傷。」

　　「被人打擊頭部，顱腦受力後會加速，只有摔跌，才是顱腦受力後減速啊！」小白說。

「觀察顱腦損傷，一定要從全域來看，而不能單獨地看某一處損傷。」聶之軒說，「我們別忘記了，死者的帽狀腱膜下有出血。而一般直接撞擊、擊打是不能造成帽狀腱膜下出血的，其多見於拉扯頭髮中。」

「我明白了。」小白說，「如果拉扯一個人的頭髮，迫使她的頭部撞牆或者撞地，也是頭部的減速運動，和摔跌致傷的機制是相同的，也可以形成對沖傷！不同的就是，迫使的力量，也會在屍體上留下痕跡。」

聶之軒微笑着點頭，說：「對，這並不是一個意外摔跌致死的事件，而是一宗故意殺人的案件！通知警方抓人吧！」

女人的頭髮是最敏感的。

——渡邊淳一

顱腦損傷死是其中一種最常見的機械性損傷致死的類型，是暴力致死的主要原因，也常見於暴力致死案例中。

在前面的十七次案情剖析中，我們大致歸納了十七種可以導致死亡的方式。從這一案開始，我們就人體各個可以致命的部位，介紹一些致命部位受傷致死的機制。

顱腦損傷死是我們最常見的機械性損傷致死的類型，是暴力致死的主要原因，也在暴力致死案例中佔重要位置。顱腦損傷可以是現場滿是腦漿的開放性顱腦損傷，也可以是外表看起來毫無損傷痕跡的閉合性顱腦損傷。顱腦損傷可以是鈍器、銳器造成，也可以是火器造成；可以在命案中見到，也可以在交通事故中見到。

研究顱腦損傷，對判斷案件性質、推斷致傷工具和致傷過程、劃定偵查範圍、向法庭提交證據等都具有重要意義。

下面我們從外及內，簡單介紹一下法醫研究顱腦損傷死的一些要素。

頭皮損傷

世界上沒有隔山打牛的武功，所以暴力導致顱腦損傷死，都會在頭皮上留下痕跡。因為頭皮上有毛髮，所以如果不剃除毛髮，有的時候可能不能發現損傷所在，這也是現在屍體解剖要求必須剃除毛髮的原因。

頭皮損傷有可能是皮內出血和皮膚創口，也有可能是皮下出血，還有可能是帽狀腱膜下出血。研究頭皮損傷的部位，可以推斷受力的方式和方向；研究頭皮損傷的形態，有助於推斷致傷工具。比如在頭皮創口裏發現了磚屑，就可以推斷致傷工具是磚頭。再比如上述案例中，因為發現夏曉曦的帽狀腱膜下有出血，就推斷出她

被拉扯過頭髮。帽狀腱膜是一層由緻密的纖維組織構成的膜，它的下面是疏鬆結締組織。正是因為它，我們的頭皮才可以相對於顱骨有滑動的空間。直接打擊的暴力，是不能導致帽狀腱膜下出血的，只有拉扯頭髮，才能形成。

顱骨損傷

顱骨為一個空腔球體，分為顱蓋骨和顱底骨。顱蓋骨骨折在顱腦損傷中比較多見。不同形態的顱骨骨折，可以幫助法醫推斷致傷工具、打擊點、打擊次數和順序以及打擊方向。

比如某人的顱骨穿孔性骨折，呈八角形，就可以據此推斷致傷工具應該是八角錘。

顱骨的線性骨折，還會造成一種現象，叫作「骨折線截斷現象」。有兩條以上骨折線互相截斷的話，說明死者頭部被二次以上打擊，第二次打擊形成的骨折線不超過第一次打擊形成的骨折線。據此不僅僅可以判斷打擊的次數，還能根據骨折線互相截斷的現象判斷頭部被多次打擊的先後順序。

再比如，某人頭部粉碎性骨折，一塊顱蓋骨都碎了，那麼碎得最深的地方，就是他頭部被擊打的部位。

除了顱蓋骨，對顱底骨損傷的鑒定有時也很有意義。因為顱底骨位於顱底，外力是不能直接接觸到的；所以通常見於顱蓋骨的骨折延伸至顱底，或者巨大暴力導致顱骨整體變形，從而導致顱底骨骨折。也有見於高墜案例中，死者坐位着地，力量沿着脊柱傳導到顱底，導致枕骨大孔附近骨折。

在此之外，還有一種嚴重的顱骨骨折，我們稱之為「全顱崩裂」。這種骨折已經分不清骨折的形態和部位了，是全顱廣泛性的骨折形態。因為顱骨非常堅硬，所以這種骨折是一般人力難以造成的，通常見於交通事故、爆炸、槍傷或者高墜案例中。

顱腦損傷

顱腦損傷致死的機制，並不是頭皮損傷和顱骨骨折，這兩者都不能導致死亡。真正導致死亡的，是腦組織的損傷。

打開顱骨後，可以看到一層膜，稱為硬腦膜。切開硬腦膜，就可以看到腦組織了，腦組織的表面附着一層透明的蛛網膜。因此，腦組織受傷出血，有可能是硬腦膜外血腫，也有可能是硬腦膜下血腫，或者蛛網膜下血腫。有時還有腦組織的挫裂傷和顱內血腫。明確腦損傷的類型，有利於明確外力和死亡的關係，從而給法庭提供證據。

特別要注意的是，有些打架糾紛案件中，死者存在顱腦損傷，但也存在腦血管的病變。此時法醫就要明確死者顱腦內出血死亡，究竟是外傷直接導致，還是疾病直接導致，從而明確當事人責任、保障當事人合法權益。

比如以前處理過一個案件，兩人在糾紛中，一個人突然倒地後死亡。經過解剖檢驗發現，死者的頭皮有一個血腫，但是顱骨無骨折，硬腦膜外、硬腦膜下都沒有出血。死亡的原因是蛛網膜下廣泛性出血、顱內血腫，腦組織也沒有發現挫傷。經過法醫的細緻檢驗，發現死者的基底動脈環上有一個動脈瘤，正是這個動脈瘤破裂，才導致了大量出血，從而引起死亡。那麼，死者的死，並不是外力導致的，而是因為外力誘發動脈瘤破裂而導致的。因此，死者並不是對方打死的，而是打架誘發了疾病突發死亡的。這就明確了當事人的責任。

本案中，在對夏曉曦進行死因分析時，提到顱腦損傷中有個「對沖傷」。對這個傷進行分析，也是法醫經常會運用的研究損傷的方法。對沖傷是指法醫發現的腦挫傷、出血的部位對應的頭皮和顱骨沒有損傷，而是在對側位置有頭皮和顱骨的損傷。有對沖傷的存在，可以提示死者的頭顱是在運動中受力，而後突然靜止的一種減速運動損傷。對沖傷多見於摔跌，強迫撞擊也可以造成。

自救小劇場

小白： 「師父，我有一個疑惑，人們常說後腦勺不能摔，可是枕骨是顱骨中最厚的部分，那為甚麼還這麼不經摔呢？」

聶之軒： 「雖然枕骨是最厚的，可是一旦枕部受傷，就有可能導致腦幹損傷。腦幹是機體的生命中樞，這裏受傷，是非常容易危及生命的。即使腦幹沒有直接受傷，後顱凹位置出現積血，壓迫腦幹，一樣可以直接危及生命。當然，不僅僅是後腦勺很重要……」

小白： 「我知道，還有就是我們的『太陽穴』。這個位置叫翼點，這裏的顱骨非常薄，容易骨折，一旦骨折，下面橫行的是腦膜中動脈，一條很重要的顱內血管，一破，就會出現大量顱內出血而致命。」

聶之軒： 「對，這些都是常識，我們從小就會被家長這樣教育。可是最近我看到一宗案例，倒是很少見。我們都知道，顱底的骨質比較薄，有個人把筷子塞在鼻孔裏，結果摔了一跤，筷子直接從鼻腔插入，刺破了顱底的蝶骨頂面進入顱內，從而導致死亡。所以，這種危險動作，我們可是要堅決避免的。」

小白： 「聽你說的，我全身雞皮疙瘩都豎起來了。」

CASE: 019

File Name:

一摔成謎

Cause:

脊柱損傷死

CONFIDENTIAL

　　夏曉曦的生活其實一直都挺平順的，可是，夏曉曦的父母卻總是擔心自己的女兒出事。愈是擔心甚麼，就愈來甚麼。有一天，夏父接到了女婿的電話，他在電話裏嘶喊着，夏曉曦出事了！

　　事情遠比夏父想像的要糟糕得多。當兩老趕到醫院的時候，手術室的紅燈還在亮着，女婿頹然地坐在門口。

　　「怎麼了？這是怎麼了？」夏父歇斯底里地撕扯着女婿的衣領，夏母幾乎暈厥。

　　「都怪我，都怪我！」女婿滿臉淚痕。

　　「怎麼都怪你了？」夏父警惕道，「你對我們家曉曦實施家暴了？」

　　「不不不。」女婿趕緊解釋道，「是我一直在打遊戲，曉曦自己踩着一個板凳去吊櫃拿被子，然後我就聽見轟隆一聲，她摔下來了，然後她就沒有意識了。」

　　「摔跤？」夏父吼道，「摔跤能摔進手術室？」

　　「我也不知道，醫生說是甚麼重度顱腦損傷。」

　　不一會兒，手術室的紅燈滅了，醫生垂頭喪氣地走了出來。

　　夏父感覺到了一絲不祥，跑上前去問道：「醫生，醫生，夏曉曦怎麼樣了？」

　　醫生頓了頓，說：「抱歉！病人顱底骨折、多根脊椎骨折、脊髓損傷。我們已經盡力了。」

「已經盡力了？」夏父一時不知道醫生是甚麼意思。

這時，護士把夏曉曦從手術室裏推了出來，夏曉曦臉上蓋着白布。

夏母頓時開始號啕大哭，她的女婿一屁股坐在了地上，而夏父，用顫抖的手，拿出手機，撥通了電話報警。

「家屬懷疑她是被人打死的，而在場人，也就是死者的丈夫說，她是摔跤摔死的。」聶之軒對小白說道。

「摔跤能摔出這麼多根脊椎骨折？」小白拿着一張 CT 片，邊看邊說，「那應該是個甚麼體位？」

「就是！我女兒怎麼可能是摔跤摔死的？你見過摔跤摔死的嗎？」等待屍檢結果的夏父說道。

聶之軒瞪了一眼小白，對夏父說：「你別急，我們一會兒還需要進行解剖，之後才能知道她的損傷機制。」

按照一貫的解剖順序，聶之軒開始對死者的胸腹腔進行例行解剖檢驗，同時由小白對屍體進行開顱。

在聶之軒完成了胸腹腔的檢驗之後，小白剛好取下死者的腦組織。

「呀！你看！」小白說，「枕骨大孔周圍骨折！她是被人打死的！」

聶之軒又瞪了小白一眼，說：「如果你在家屬面前這樣胡說八道，會誤導他們的。法醫不能武斷地下結論！枕骨大孔在顱骨深層，死者的頭皮都沒有任何損傷，她的枕骨大孔怎麼可能是被人打骨折的？」

「可是，確實有骨折啊！」小白委屈地說。

「死者的腦組織沒有挫傷和出血，這一處骨折不能作為死者的死因。」聶之軒說，「死者並不是死於顱腦損傷。」

「那？」小白看了看已經縫合好的胸腹腔。

聶之軒搖搖頭，說：「上學的時候，老師應該教過你。雖然我們常規操作是打開顱腔、胸腔和腹盆腔，但是還有一種特殊的解剖，是打開脊髓腔。」

聶之軒把屍體在解剖台上翻轉，逐層打開了死者後背的軟組織。然後，用開顱鋸將脊柱棘突兩側鋸開，順利地打開了脊髓腔。

果然，死者的脊髓腔內有大量出血，說明死者正是脊柱損傷導致脊髓腔內出血、壓迫脊髓而死亡。

「你說，她這不是被打的？」小白說。

「誰能夠把脊柱都打骨折，但在皮膚上不留痕跡的？隔山打牛嗎？」聶之軒說，「而且，死者脊柱的骨折，並不是橫突或者棘突的骨折，而是椎體的壓縮性骨折。骨折的方向，提示了力的作用方向。」

小白搖搖頭，表示不能理解。

聶之軒似乎料事如神，他用手術刀切開死者尾椎的位置，那裏有一團皮下出血。

「就是這裏了。」聶之軒說，「死者是一屁股坐在了地上，因為摔跤之前和地面有一定的落差，加上正好作用力最大化了；俗話說，就是正好寸勁了，力的方向和脊柱平行，沿着脊柱向上傳導，導致了多根椎體骨折、脊髓腔內出血。力繼續向上延伸，抵達頂端的顱骨枕骨大孔，在那裏形成了骨折。這就是這個案子的損傷機制。那麼請問，如何毆打，才能使出這麼大的、平行於脊柱方向的力呢？」

小白恍然大悟。

聶之軒說：「她丈夫說的沒錯，這確實是一場摔跌的意外。」

總在跌跌撞撞之後才彷彿明白，很多事情是不能強求的。

——幾米

脊柱損傷可以由直接暴力如交通事故、火器傷而導致，但更多的還是由間接暴力導致。

人類脊柱由 33 塊椎骨（頸椎 7 塊，胸椎 12 塊，腰椎 5 塊，骶骨、尾骨共 9 塊）通過韌帶、關節及椎間盤連接而成。脊柱上端承托顱骨，下端連結髖骨，中附肋骨，並作為胸廓、腹腔和盆腔的後壁。脊柱具有支持軀幹、保護內臟、保護脊髓和進行運動的功能。脊柱內部自上而下形成一條縱行的脊管，內有脊髓。

脊柱損傷可以由直接暴力如交通事故、火器傷而導致，但更多的還是由間接暴力導致。比如上文所述的摔跌，或者更嚴重的，高墜時，頭、肩、足、臀着地，或者身體猛烈屈曲等，都可能會導致脊柱損傷。

雖然人的脊柱有一定的屈曲度，但是超過了屈曲度的極限，很容易導致脊椎脫位。如果作用力平行於脊柱，可能會導致椎體的壓縮性骨折；如果非平行，則可能導致脊椎脫位，或者脊椎骨其他部位的骨折。

在之前 CASE 016 的科普中，我們也提到了「揮鞭樣損傷」。簡單複習一下，這種常見於交通事故的損傷，就是一種比較危險、容易致死的脊柱損傷。交通事故中，車輛猛烈剎車、撞擊，如果車座靠枕較矮，頭頸部無後靠的依托，會使身體猛然向前運動，頭頸後仰、繼而前傾，發生過度伸展和過度屈曲的運動，頭頸就像是被揮動的鞭子一樣，最終會導致脊髓受損。

因為脊髓是神經系統重要的部分，所以脊椎骨折、脫位可導致脊髓挫傷、裂傷、出血，輕則癱瘓，重則死亡。脊髓損傷是一種致殘率高、後果嚴重的損傷，直接或間接暴力作用於脊柱和脊髓皆可造成脊髓損傷。

在脊椎沒有骨折或者脫位的情況下，有時也有可能發生脊髓損傷。

在法醫學實踐中，還有一種特殊的損傷，叫作脊髓震盪，又叫脊髓休克。這種損傷常見於脊柱的輕微損傷後，脊髓受外力作用引起功能紊亂，在受力點的平面以下，出現截癱。不過，這種損傷會在 24 小時之內開始恢復，並在 3~6 週內完全恢復。這種會讓人「虛驚一場」的損傷，會給法醫鑒定帶來一些麻煩。

自救
小劇場

聶之軒：「小白，你不能在電腦前面一待就是好幾個小時。等到你上
　　　　了歲數，你的頸椎病會讓你脖子僵硬、疼痛，手指發麻，頭
　　　　暈目眩，噁心嘔吐，你就該後悔年輕時沒保養頸椎了。」

小白：　「沒事，我在網上學了頸椎操，我已經學會了。」

聶之軒：「最近網上專家教授頸椎操的影片很受歡迎，可以學一學，
　　　　但是要堅持每天做，這畢竟是保養方法而不是特效藥。當
　　　　然，除了做頸椎操，還需要全方位的保養。」

小白：　「比如呢？師父，快點告訴我吧！救救我們這些伏案工作人
　　　　員的頸椎。」

聶之軒：「首先，無論天氣多熱，盡量不要讓頸部受涼，比如你就很
　　　　喜歡用冷氣對着頸部吹。受涼後肌肉容易痙攣，對頸椎危害
　　　　很大。其次，晚上睡覺，要選擇健康的枕頭。枕頭寬度應達
　　　　肩部，中間低、兩端高的枕頭對頸椎有很好的支撐作用，可
　　　　以讓頸椎得到休息。頸椎不好的人要睡硬一些的床，過分柔
　　　　軟的床不利於頸椎健康。最後，最重要的，還是盡可能減少
　　　　持續伏案工作的時間，每工作一會兒，就站起來活動一下
　　　　頸椎。」

小白：　「可是，師父，我們法醫和外科醫生一樣，有很多時間都是
　　　　彎腰工作。所以，我們的工作對腰椎的損害更大吧？」

聶之軒：「腰椎間盤突出是常見病，也是我們法醫容易得的病。我們
　　　　工作的時候都是彎腰的，這種不良姿勢是無法避免的，所以
　　　　我們就要採取其他的措施來預防腰椎間盤突出。比如，我們
　　　　要加強鍛煉，尤其是鍛煉腰部肌肉，這樣可以有效地預防腰
　　　　椎間盤突出。另外，和保養頸椎一樣，不要受涼、床不要太
　　　　軟，也是預防腰椎間盤突出的訣竅。還有，猛然的腰部用
　　　　力、蹺腳、穿高跟鞋這些行為對腰椎也都不好。」

小白：　「看來我要把內增高的鞋子給換掉了。」

CASE: 020

File Name: 潛伏的死神

Cause: 胸部損傷死

CONFIDENTIAL

夏曉曦和丈夫又吵架了。

丈夫最近事業受挫，很是煩心，偏偏夏曉曦也不在狀態，說話聲音也嘶啞了，吃飯也有些吞咽困難，心情糟糕透頂。因此，在吃飯的時候，因為一些雞毛蒜皮的事，兩人又開始了吵架。

夏曉曦給母親打了個電話，兩老趕緊過來勸架。看見夏曉曦又打電話告狀，丈夫更是生氣。兩人的口頭爭執升級到了你推我撞。

丈夫在氣頭上，使勁一推，把夏曉曦推得撞到了牆上，不過是背部着力。

夏父正在數落女婿的時候，夏曉曦突然面色蒼白，慢慢地靠着牆坐到了地上。

「裝，你繼續裝。」丈夫知道這一推，並不可能傷着夏曉曦。

「曉曦，你怎麼了？」夏母雖然也知道女婿沒用多大力，但是熟悉女兒的她，還是發現了夏曉曦的異常。

這時，夏曉曦已經開始抽搐，並且只呼氣、不吸氣了。站在一旁的丈夫，也終於發現了這些不可能是裝的表現，嚇得手忙腳亂地打電話叫救護車。

救護員在五分鐘之後就抵達了現場，可是此時的夏曉曦早已沒有了生命跡象。

聽到噩耗，夏父、夏母開始毆打夏曉曦的丈夫，而早已嚇呆的丈夫，只有挨打的份兒。

「是你打死了我的曉曦！是你打死了我的曉曦！」被警察拉開的夏父，還在哭喊着。

「他就這麼一推，曉曦就撞到牆上，然後就不行了！」夏母向一名警察描述着當時的情況。

「這……這麼一推就能死人？」在現場進行勘查的小白不解地問聶之軒。

聶之軒說：「當然不可能。十有八九，是這個死者生前患有疾病，外力只是誘發的因素而已。」

「哦！潛在性心臟疾病。」小白說。這種案件還是比較常見的，所以小白也不是第一次接觸了。

心裏已經有了想法的聶之軒，在解剖室裏開始了屍檢工作。在他的想像裏，屍體應該是全身未檢出明顯的損傷，但心臟偏大，冠狀動脈有問題等。

可是在打開死者胸腔後，他嚇了一大跳。死者的縱隔裏有巨大的血腫。

「血腫？出血？疾病發作不可能有出血啊！」小白說。

聶之軒定了定神，說：「別急，我們打開縱隔看看。」

手術刀剖開了縱隔，去除了大塊的血腫，把心臟和主動脈暴露了出來。聶之軒用紗布清理乾淨主動脈後，發現在主動脈上有一個破口。

「哇！這是隔山打牛嗎？」小白不敢相信自己的眼睛，「這麼輕輕一推，就能把對方的主動脈給震破了？」

「你武俠小說看多了吧？」聶之軒無奈地搖搖頭，說，「取下主動脈，回去進行組織病理學檢驗，然後就知道是怎麼回事了。」

「我們法醫還要看調查材料嗎？」在等待組織病理學檢驗報告的時間裏，小白見聶之軒正在看偵查員的調查報告，於是問道。

「當然，死前的過程調查，對於我們的鑒定是很有幫助的。」聶之軒說。

「結果出來了。」負責組織病理學檢驗的方法醫走出實驗室，說，「從顯微鏡下看，這是一個外傷性的主動脈瘤，至少有一年的時間了。」

「一年前她受過傷？」聶之軒問身邊的偵查員。

偵查員點點頭，說：「據說夏曉曦有一次遭遇了車禍，不過好像並不嚴重，雙方私了，她也沒有去就醫。」

小白聽得一頭霧水，趕緊詢問：「動脈瘤，是自身疾病嗎？」

「不，是外傷。」聶之軒說，「不過這個外傷並不是她丈夫造成的，而是一年前在車禍裏受的傷。當時的車禍，應該擠壓了夏曉曦的胸腹腔，導致血液迅速進入胸腔，主動脈壓力增高，從而導致動脈內膜出現了小的破裂口。因為主動脈受到的血液壓力是很大的，慢慢地，血液就把主動脈的外膜給衝擊成了一個腫瘤狀的東西，這個瘤子的外壁很薄。在這一次外力的作用下，這個越來越薄的外壁終於破了，夏曉曦也就迅速死亡。」

「所以，冰凍三尺非一日之寒？」小白問。

「是啊，這次的外力頂多就是個誘因吧！」聶之軒說，「受傷一定要及時就醫。而且在最近幾天，死者已經出現了聲音嘶啞、吞咽困難、呼吸困難的症狀，還是沒有及時就醫。如果不是這麼疏忽大意，說不定就可以免於一死了。」

生命就像是一個療傷的過程，我們受傷，痊癒，再受傷，再痊癒。

——余華

胸部損傷死的案例非常多，其致死的原因有很多，包括銳器傷或火器傷、鈍器傷及外傷性窒息。

因為胸部面積大，而且胸部內都是重要的血管和器官，所以在法醫學實踐中，因為胸部損傷而死亡的案例非常多。而且，胸部損傷致死的原因也是多種多樣的。

銳器傷或火器傷

胸廓內雖然只有肺、心臟和大血管，而且還有肋骨的支撐和保護，但是肋骨之間有肋間隙，一旦銳器刺破了胸膜，或者火器穿破了胸膜，進入胸腔，就有很高的概率傷及肺、心臟和大血管。一旦這些組織或器官破損，就有可能引起大失血而導致死亡。

即使碰巧沒有傷到心臟和大血管，胸廓自身的負壓因為胸腔的穿透而被破壞，也會形成氣胸或者血氣胸，肺被氣體壓縮，導致呼吸功能障礙，甚至因為呼吸困難而導致死亡。

鈍器傷

鈍性物體打擊在胸部，最常見的損傷就是肋骨的骨折了。不要小看肋骨骨折這一損傷，有的時候，肋骨骨折也是可以致命的。

大面積的肋骨骨折可能會導致胸廓運動的失調，引起反常性呼吸運動，嚴重影響呼吸和循環功能，甚至威脅生命；肋骨骨折的斷端也有可能刺破心臟導致死亡，或者刺破胸膜形成氣胸和血氣胸；還有可能導致胸腔感染而致命。

即使沒有導致肋骨骨折，外界的鈍性暴力，也可以導致心肺的挫傷。如果撞擊、擠壓的暴力較大，還可能直接導致心腔破裂而直接致命。

在之前的內容中，還說過一種死因叫作「抑制死」。即在心前區或者心後區的輕微外力，也有一定概率直接抑制心臟搏動，引起心搏驟停而導致死亡。而關於這類損傷，唯一能尋找到的痕跡，就是胸壁皮膚上輕微的擦挫傷。

本案例中，夏曉曦在一年前遭受車禍的時候，因為鈍性外力作用於胸腹部，導致心臟和主動脈的血液突然增多，進而導致外傷性主動脈瘤。雖然不會即刻致死，但也是有危及生命的巨大隱患的。如果車禍的外力再大一點，這種擠壓力是可以立即造成心臟破裂或大血管破裂而當場死亡的。

外傷性窒息

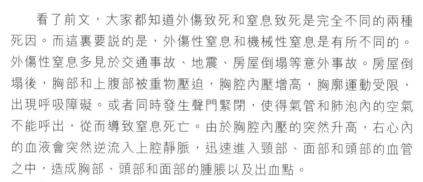

看了前文，大家都知道外傷致死和窒息致死是完全不同的兩種死因。而這裏要說的是，外傷性窒息和機械性窒息是有所不同的。外傷性窒息多見於交通事故、地震、房屋倒塌等意外事故。房屋倒塌後，胸部和上腹部被重物壓迫，胸腔內壓增高，胸廓運動受限，出現呼吸障礙。或者同時發生聲門緊閉，使得氣管和肺泡內的空氣不能呼出，從而導致窒息死亡。由於胸腔內壓的突然升高，右心內的血液會突然逆流入上腔靜脈，迅速進入頸部、面部和頭部的血管之中，造成胸部、頭部和面部的腫脹以及出血點。

在法醫學實踐中，這種外傷性窒息也偶然會在嬰兒屍體上見到。和父母同床睡覺的嬰兒，有時因為父母睡得太熟，肢體壓在嬰兒胸腹而導致死亡，讓人扼腕歎息。

聶之軒：「小白，這個胸部損傷……」

小白：　「師父！關於機械性損傷，你已經給我科普過了好不好？你還有甚麼台詞嗎？」

聶之軒：「我知道。只是今天我看見你拼命迫上巴士的樣子，覺得有些事情需要提醒你一下。」

小白：　「不迫巴士可以，你讓上司給我們加一點薪水，我就可以買車了。」

聶之軒：「你扯遠了，我只是提醒你，迫巴士也是會迫死人的，你知道嗎？」

小白：　「我只聽說過在人多的地方發生踩踏事件，踩死人的。那些大多是擠壓綜合症吧？」

聶之軒：「我接到過一個案子，一個人迫巴士，導致肋骨骨折，骨折斷端刺破了胸膜，形成了氣胸，後來因為氣胸，導致肺部大面積壓縮，最後呼吸衰竭而死了。」

小白：　「這人的死亡過程明明應該很長啊？為甚麼不就醫？如果就醫的話，治療不是甚麼難事吧？」

聶之軒：「很多悲劇都是因為忽視了自身不適，最後等到想去就醫的時候，就已經沒有能力去了。可能他認為剛開始的胸痛沒甚麼大不了的，以及後來出現了氣喘、呼吸困難，都認為可以自癒。」

小白：　「你放心吧，師父！這個你不用提醒我的，我最怕死了。」

CASE: 021

File Name: 柔軟的腹

Cause: 腹部損傷死

CONFIDENTIAL

應朋友們的邀請，夏曉曦夫婦參加了一場 party。

有了孩子以後，夏曉曦夫婦很久沒有參加過這樣的 party 了。今天，孩子被送去了夏曉曦的父母家，夏曉曦夫婦像是甩掉了一個大包袱，頓時渾身放鬆了下來。

精神上的放鬆，也讓夏曉曦夫婦放肆了起來。在他們的印象中，今天晚上應該是他們這輩子喝酒最多的一次了。白酒、啤酒、紅酒……算是一次性喝了個夠。

夫妻倆是被朋友開車送回家的，到住處樓下門口的時候，夏曉曦早已沒有了意識。丈夫也已經爛醉如泥，只能強撐着把夏曉曦扶進了電梯。

至於他們是怎麼進家門，又如何東倒西歪地睡在了客廳的梳發上，丈夫已經完全記不清楚了。

夜深人靜的時候，丈夫因尿意醒了，費力地從梳發上支撐着坐了起來。他抓了抓頭，頭痛欲裂。四周伸手不見五指，看來正是深夜。丈夫顫顫巍巍地站了起來，拖着腳步，向洗手間摸索着走去。

嘭的一聲，丈夫的腳尖結結實實地踢在了甚麼東西上面，伴隨着的，是夏曉曦的一聲低沉的「哎喲」。

「你怎麼躺在地上？」丈夫蹲下來，發現夏曉曦正躺在地上。

「你沒事吧？」丈夫關切地把夏曉曦挪到了床上。還好，只是輕輕地踢了一腳，應該問題不大，他這樣想着。

上完了洗手間，丈夫打開了燈，見夏曉曦仍然在酣睡，於是便在她身邊躺下，繼續睡去。

直到第二天日上三竿，丈夫才從酒精的麻醉中清醒了過來。他舒服地伸了個懶腰，伸手去推身邊的夏曉曦。

這一推不要緊，夏曉曦僵硬的身軀，還有她慘白的面龐，把丈夫嚇得直接坐到了地上。此時的夏曉曦已經全身冰冷，哪裏還有一點氣息？

「我們真的不該喝那麼多酒的。」丈夫和夏曉曦的父母在解剖室外哭作一團。

解剖室內的聶之軒和小白正在檢驗夏曉曦的屍體。

「屍斑淺淡，面色蒼白。」小白悄悄地和聶之軒説，「怎麼不太像是酒精中毒死亡的屍體徵象啊？」

聶之軒點了點頭，指着夏曉曦右上腹部的一處皮下出血説：「這裏有一處皮下出血，雖然輕微，但有可能就是致死的原因。」

「剛才那男的説，晚上看不見，所以踢了她一腳。」小白説，「就那麼輕輕的一腳，能踢死人？不太可能吧？」

「一切皆有可能。」聶之軒和小白拿起手術刀，聯合打開了夏曉曦的胸腹腔。

夏曉曦的腹腔裏滿滿都是血液，甚至把大網膜都給浸染成了紅色。

「真的是外傷？」小白懷疑地説。

聶之軒慢慢地把夏曉曦腹腔內的積血清理乾淨，仔細檢查起每一個腹腔器官。很快，聶之軒就在夏曉曦的肝臟上面找到了一個破裂口。

「肝臟破裂。」聶之軒一邊説，一邊掀起屍體的腹腔皮膚，和肝臟的破裂口位置進行比對，「和皮膚上的局限性皮下出血的位置是完全對應的。」

「也就是説，夏曉曦真的是被那輕輕一腳給踢死的？」小白説，「這實在是太難以置信了。」

「想知道是甚麼原因嗎？」聶之軒説，「我來説給你聽。」

我感到人這東西真是脆弱，生下來便帶有無可奈何的脆弱，不堪一擊。

——夏目漱石

案情剖析
★ ★ ★
腹部損傷死
★ ★ ★
APPROVED

腹部損傷死中最為常見的致死原因是肝臟和脾臟破裂。

眾所周知，我們人體的腹腔內的器官，要比胸腔內的器官多，而且也都非常重要。除了質地柔軟的空腔器官——胃和腸以外，還有肝臟、脾臟、腎臟和胰腺。

鈍性作用

腹部鈍性損傷致死中，最為常見的，就是肝臟和脾臟的破裂。因為這兩個器官的體積大、質地脆，而且活動的餘地小，雖然大部分有肋骨的保護，但還是容易受傷。

有人問，人體應該是個極為合理、神奇的結構，既然腹腔也有這麼多重要的、容易破裂致命的器官，為甚麼沒有進化到腹部也有骨骼的保護呢？這樣缺乏保護的腹腔，是該有多危險啊！

其實這是杞人憂天了，並不是只在有骨骼保護的情況下，才是安全的。腹腔必須能夠充分運動才能保證呼吸，腹腔容量必須能夠發生變化才能保證我們吃得太飽也不會「骨折」。所以腹部進化得沒有骨骼保護才是合理的。但是，我們的腹部器官是怎麼受保護的呢？其實，當腹部受到鈍性外力作用的時候，我們腹壁的肌肉會發生反射性收縮，收縮的肌肉十分堅硬，保護我們腹腔的器官自然是不成問題了。

可是，一旦在酒精或者藥物的影響之下，人的意識喪失了，腹壁肌肉就鬆弛了，這種肌肉反射性收縮保護的作用也就消失了。在這種情況下，腹腔器官缺乏保護，是很容易因為並不太重的外力導致破裂、出血，甚至引致死亡的。

當然，即使是在意識清楚，肌肉反射性收縮存在的情況下，遭

受到巨大的暴力，一樣可以導致肝臟、脾臟的破裂。比如，在高墜案件中，巨大的撞擊或震盪作用，足以導致質地很脆的肝臟和脾臟破裂。

相對於肝臟和脾臟，腎臟則要好得多。腎臟位於腹腔後面，表面有纖維被膜、脂肪層的包裹，後面上半部分也有肋骨的保護，直接受傷的機會要小很多。可是，在巨大的直接暴力下，比如車輛的撞擊和碾壓，也是可能造成腎臟破裂出血的。

相對於以上的實質性器官，胃腸這種軟質的空腔器官受鈍性暴力作用發生破裂的概率就很小了。不過，在吃飽之後劇烈運動，受巨大擠壓、撞擊外力作用的時候，也是有可能導致破裂，繼而引發腹膜炎，甚至導致死亡的。所以在吃飽之後，運動量是要限制的。

鈍性損傷導致腹腔器官破裂、出血致死的案例並不難判斷。根據在皮膚上發現外力的痕跡，對應部位的器官破裂，就可以輕而易舉地定案了。不過，法醫還要注意發現腹腔器官的異常性狀，以明確行為人的責任。

比如在一宗毆打案件中，行為人只是打了受害人的左腹部一拳，受害人就死了。法醫檢驗的時候，發現死者的脾臟是一種病態的脾臟，比一般人的要大，外凸超出了肋骨的保護範圍，而且比正常人的脾臟更加脆弱。在這種案件中，法醫就要把疾病和外力的作用都表述清楚，以明確行為人所應該承擔的那部分責任。

銳性作用或火器傷害

不管是有肋骨保護的胸腔還是有肌肉保護的腹腔，在遇見銳器或火器傷害的時候，這些保護都會顯得蒼白無力。銳器和火器導致的穿透性損傷，極容易導致器官的破裂、出血，甚至導致人體的死亡。

除我們都知道的非常重要的肝、脾、腎以外，位於腹腔深部的胰腺也是一個非常重要的器官。胰腺遭受穿透性損傷時，除了出血性休克，還有可能導致胰腺炎而引致死亡。

胃腸的穿透性損傷雖然一般不會造成大量的出血而導致瞬間死亡，但胃腸內容物溢出後引起腹膜炎，這也是致命的。另外，腹腔深部的腹主動脈、下腔靜脈等大血管被穿透，也是可以瞬間引起失血性休克而導致死亡的。

　　但是，我們的腹腔內大部分還是被胃腸佔據的，胃腸被穿透性損傷作用後，立即導致死亡的概率還是不太大的。這也解釋了為甚麼警察和歹徒搏鬥，被刺傷後，腸管都流出了體外，依舊能把歹徒制服，最終警察經醫院治療後康復。這樣的情況，就是警察幸運地沒有被傷及重要的血管和器官。

聶之軒：「小白，你剛剛吃完午飯，就在這裏轉呼拉圈，你知道這是很危險的嗎？」

小白：「中午吃多了，師父，你又該嫌棄我的八塊腹肌不明顯了，我要消耗一下卡路里。」

聶之軒：「你知道嗎？曾經有一個小孩子就是在吃飽後轉呼拉圈，導致腸破裂，最後得腹膜炎死的。」

小白：「啊！師父！你又救了我一命！」

聶之軒：「曾經有網友質疑，為甚麼肝臟破裂、脾臟摘除被鑒定為重傷，而看起來不那麼重要的腸道全層破裂，須手術治療的，也被鑒定為重傷？」

小白：「因為腸子破了，也是可以致命的，對嗎？」

聶之軒：「腸破裂可繼發腹膜炎，如果不及時進行正確治療，一樣危及生命啊！所以，消耗卡路里歸消耗卡路里，但吃飽後可不能劇烈運動啊。」

CASE: 022

File Name:

堵住的肺

Cause:

損傷導致血栓栓塞死

CONFIDENTIAL

　　夏曉曦練習跆拳道已經三年了，她一直認為這是一項最好的減肥和強身健體的運動。所以，這三年來，她不懈練習，漸漸地愛上了這項運動。

　　夏曉曦不僅每週會去跆拳道館練習兩次，而且平時也會和親朋好友炫耀自己的「武技」。這一天上午，夏曉曦給自己的姐妹表演下劈，可沒想到劈下來的時候，腳跟撞擊到了水泥台階。因為用力過猛，只聽「唭嚓」一聲，夏曉曦的小腿脛骨、腓骨雙雙骨折。小腿失去了骨骼的支撐，形成了一個「假關節」。場面慘不忍睹，夏曉曦也頓時因為劇烈疼痛而倒地翻滾。夏曉曦的姐妹幾乎被嚇傻了，趕緊打了緊急電話請求救助。

　　經過醫院診斷，夏曉曦是右腿脛腓骨粉碎性骨折。醫院對夏曉曦的右腿進行了手術切開內固定術，術後進行了石膏外固定。

　　按照醫院的要求，夏曉曦在恢復過程中是需要持續治療的，但是夏曉曦是一個非常剛愎自用的人。既然已經都固定好了，還要繼續住院，那不是浪費錢嗎？在夏曉曦的反覆要求之下，醫院同意她出院回家休養。

　　夏曉曦的丈夫很心疼她，要求她必須臥床休養，自己承擔了全部的家務。時間一點點過去，不知不覺就已經半個月了。夏曉曦最開始的疼感已經慢慢消失，內心也隨之躁動了起來。

　　「我要下去走走了。」夏曉曦向丈夫提了意見。

　　「不行。」丈夫說，「傷筋動骨一百天，還沒好呢！」

「我已經不疼了，我覺得我能走了。」夏曉曦說。

丈夫知道自己拗不過執拗的夏曉曦，只能順着她。

夏曉曦高興地跳下床，已經半個月沒有下床了，她感覺自己又能重新跑起來了。可能是年輕恢復得快，夏曉曦甚至可以在沒有幫助的情況下，自行行走了。

「『水逆』過去了嗎？」夏曉曦興奮地問自己。

可是，沒運動一會兒，夏曉曦突然覺得自己不太對勁。

在她的丈夫看來，夏曉曦突然坐在了凳子上，瞪着雙眼，一副驚恐的表情。

「你怎麼了？」丈夫嚇壞了。

夏曉曦此時已經不能說話了，出現了明顯的呼吸困難的表現，並且咳出來兩口血。不一會兒夏曉曦就暈厥了。

丈夫嚇傻了，顫抖着撥通了電話叫救護車。

可惜的是，在救護員抵達的時候，夏曉曦早已沒有了生命跡象。

自己的女兒不過就是摔斷了腿，怎麼會死亡呢？夏父、夏母悲痛欲絕，也絕對不相信夏曉曦丈夫的話，執意報了案。

聶之軒在現場勘查和屍表檢驗以後，詢問了夏曉曦死亡之前的過程，基本上心裏有數了。但是鑒於死者父母的堅決要求，聶之軒還是對屍體進行了解剖檢驗。

因為有了前期的預估，法醫的屍檢工作做得很有針對性。他們對夏曉曦的心臟進行了原位剪開，從右心室剪到肺動脈，果真不出所料，在肺動脈的根部發現了栓子。

既然發現了栓子，聶之軒之前的推測基本已經得到了印證。但是為了使證據更加充分，聶之軒對夏曉曦的右腿也進行了解剖。從她的髂靜脈開始，一直往下剪，終於找到了一條長長的堵塞了靜脈的血栓。

證據充分，法醫出具了「下肢損傷形成血栓導致肺血栓栓塞死亡」的結論。

夏曉曦死於一場意外。

隔在健康的自信和不健康的輕慢心之間的那堵牆，非常薄。

——村上春樹

案情剖析
肺栓塞死
APPROVED

肺栓塞是由內源性或外源性的栓子堵塞肺動脈主幹或分支，引起肺循環障礙的臨床表現和病理生理綜合症。

這是一種比較特殊、發生概率不大的死亡方式。它被法醫們稱為肺栓塞死。

肺栓塞（pulmonary embolism，PE），也稱肺動脈栓塞，是由內源性或外源性的栓子堵塞肺動脈主幹或分支，引起肺循環障礙的臨床表現和病理生理綜合症，包括肺血栓栓塞、脂肪栓塞綜合、羊水栓塞、空氣栓塞、腫瘤栓塞等。其中肺血栓栓塞是最常見的肺栓塞類型，以肺循環和呼吸功能障礙為主要臨床表現和病理生理特徵，上述的案例就是肺血栓栓塞。

肺血栓栓塞有很多種成因，但是比較常見的就是在肢體損傷，尤其是下肢損傷後，深靜脈內膜損傷，導致血液堆積。同時，因為自身血液高凝狀態，加之長期臥床，血流動力學發生改變，最終在深靜脈形成血栓栓子。在血栓栓子形成到一定程度後，如若因為突然運動等因素導致栓子的部分脫落，栓子會隨血液流回心臟，栓塞肺動脈而導致呼吸困難、咯血、暈厥等一系列症狀，嚴重的可以導致猝死。

如何判斷肺栓塞死

判定這種死因，要有三個重要的因素支撐：一是深靜脈的內膜損傷，二是自身原因導致的血液高凝狀態，三是血流動力學發生變化。因此，肺血栓栓塞的發生，不僅要有外部條件，還要有內部條件，它的發生是一種小概率事件。所以有肢體骨折的患者不必過分擔心，只要在醫生的指導下治療，並沒那麼容易出現肺血栓栓塞。

在肺栓塞的定義中我們說到，肺血栓栓塞是肺栓塞主要的類型，在法醫學實踐中也會遇到很多其他的栓塞類型。

比如，以前有兩部大熱的古裝大型電視劇，一部是《芈月傳》，另一部是《大秦帝國》。這兩部電視劇裏都提到了一段故事：秦武王嬴蕩舉鼎身亡。秦武王究竟為何會死亡呢？電視劇裏沒有交代清楚。

根據史書記載，故事發生在秦武王四年（前 307 年）八月的一天，當天秦武王與孟説比賽舉「龍文赤鼎」，結果秦武王失手，導致兩眼出血，脛骨折斷。到了晚上，他就氣絕而亡，年僅 23 歲。

從這個故事可以得知，秦武王當時非常年輕，死亡的原因是脛骨折斷，死亡的時間不是當時，也不是過了好多天，而是當天晚上。

我們知道，即使以當時的醫療技術，脛骨骨折也不至於讓人在幾個時辰之內就氣絕身亡。所以，我認為，他的死亡原因可能就是現代法醫所説的「肺動脈脂肪栓塞」。

和我們這期的案例一樣，死因也是肺栓塞，只是栓子不同而已。我們這期的案例中，當事人自身形成了血栓，血栓脱落後導致肺栓塞而死亡，這是需要一定時間和條件的。而秦武王之死，是發生在幾個時辰之內的，沒有足夠的時間去形成血栓；所以他的死因是脛骨折斷之後，深部靜脈發生了破裂，富含脂肪組織的長骨骨折，然後骨髓內的脂肪入血，形成脂肪栓子，從而導致死亡。這種死亡的發作比肺血栓栓塞要快。

脂肪栓塞不僅僅見於長骨骨折，有時其他創傷也會導致脂肪組織進入大的靜脈，比如隆胸手術就有這個風險。

和血栓栓塞、脂肪栓塞一樣，空氣栓塞有的時候也會在法醫學實踐中出現。醫學生在進行動物實驗的時候，有時會在兔子的耳緣靜脈注射空氣從而處死兔子。這個操作，其實就是人為地造成兔子的肺栓塞。

肺栓塞這種死因比較隱蔽，如果不進行預判，法醫就有可能漏檢。這也是法醫屍檢之前要進行預判和準備的一個原因。

在了解案情、屍表情況之後，法醫會預判死者有可能死於肺栓塞。在解剖的過程中，如果考慮死者死於肺血栓栓塞，法醫就會在原位剪開死者的心臟，這樣更容易發現導致肺血栓栓塞的栓子。同時還要在有可能形成栓子的深靜脈處進行解剖，從而找到血栓形成的源頭。如果懷疑是空氣栓塞，法醫會進行「空氣栓塞」實驗，在解剖的時候觀察死者右心內的氣泡，從而確定死者的死因。

自救
小劇場

小白： 「師父，這一期的安全課我來講吧！」

聶之軒：「好的，你說說看。」

小白： 「下肢骨折要注意肺栓塞，最好就預防一下不要下肢骨折，
比如舉鼎甚麼的就不要去做了。然後，萬一骨折了，那就把
如何防範肺栓塞交給醫生吧。醫生會教你怎麼預防，遵醫囑
就好了。」

聶之軒：「……其實，你說的不錯，似乎也只能這樣了，只是舉鼎這
個有點誇張，你得能先找得到鼎才行。不過，並不是說只有
下肢損傷後才會發生肺栓塞。坐長途車或者長途飛機的時
候，又或是駕駛員長時間駕駛的情況下，也是有可能發生肺
栓塞的。雖然是小概率，但是也應該有所預防。」

小白： 「知道了，知道了，如果是久坐的話，沒事不妨站一站、動
一動吧！」

CASE: 023

恐怖的羊水栓塞

羊水栓塞

CONFIDENTIAL

懷胎十月，夏曉曦感覺自己終於要熬到頭了。預產期將近，夏曉曦已經做好了成為一位母親的準備。

早早地，夏曉曦已經買好了嬰兒的小衣服、小鞋子，嬰兒用品一應俱全。

這一天下午，夏曉曦撫摸着自己的肚皮，整理着那一件件小衣服，心中的幸福感爆棚。很快就要有自己的孩子了，按預產期計算，大概還有五天的時間吧。丈夫工作很忙，希望生產的過程可以順利，不給丈夫帶來負擔。

想着想着，夏曉曦突然感到一陣撕心裂肺的疼痛，轉瞬即過。

哎呀！這是怎麼回事？不會提前要生了吧？夏曉曦想了想，抬頭看了看家中的掛鐘，此時剛剛下午三點，丈夫還在努力地工作。再過三個小時丈夫才能下班回來。

「寶寶聽話，不要嚇唬媽媽啊！媽媽就一個人，你這麼急着要出來，我可沒辦法。」夏曉曦輕聲對着自己的肚子說道。

十分鐘之後，夏曉曦突然又開始覺得腹部墜痛。這次和上次不同，不是轉瞬即過的疼痛，而是逐漸加劇的陣痛。

「看來真的是要生了。」夏曉曦趕緊一邊撥打丈夫的電話，一邊坐到梳發上，開始深呼吸。

丈夫的電話打了五遍才打通，而且夏曉曦知道，丈夫從公司趕回家還需要四十分鐘的時間。

夏曉曦癱坐在梳發上，盡可能地伸直自己的腰背，做着深呼吸。可是疼痛卻越來越劇烈，而且她感覺胎膜此時已經破了。

好在夏曉曦的丈夫及時趕了回來，把她送往了醫院。

進了手術室以後，丈夫興奮地在門口等待。他和夏曉曦一樣，欣喜地等待着孩子的降生，等待着自己升格為父親。

可是等了一個多小時，絲毫沒有消息傳出來，丈夫不知道為甚麼，隱隱地感覺到了不安。

果然，一名醫生滿身是血地走到手術室外，對丈夫說：「孩子出生了，男孩，一切正常。但是產婦夏曉曦目前狀況不太好，你要有心理準備。」

「甚麼？剛才人還好好的。」丈夫一陣眩暈，雙腿軟了下去。

「目前是產後大出血，而且還有過敏性休克的徵象。」醫生扶住丈夫，說，「不過你也不要喪失希望，我們科的幾名主任醫生已經全部趕到，正在對產婦進行搶救。」

電視裏倒是經常看到難產、大出血的情節，但是丈夫在妻子孕期已經學習了很多知識，知道這些情況都是極小概率。老天爺為何那麼不公平？極小概率的事件，都能被夏曉曦碰上！

「現在人怎麼樣？」丈夫顫抖着問。

「生產過程中，產婦出現了胸悶、氣急、嗆咳的症狀，很快發展到呼吸困難，並且出血不止。」醫生說，「根據症狀來看，應該是胎膜早破導致的羊水栓塞。現在主任醫生們正在對產婦進行抗過敏和輸血搶救。」

羊水栓塞，一個可怕的名字。做過功課的丈夫當然知道。而現在的他，甚麼也做不了，只能跪在地上，祈求着天的保佑，祈求這麼多產科專家的救助可以有效。

時間一分一秒地過去，天色已經完全黑了。

手術室的大門終於重新打開，夏曉曦戴着氧氣面罩，掛着輸血袋，被醫生推了出來。丈夫猛地撲了過去，根本來不及多看一眼剛剛降生的孩子，撲在夏曉曦的身上呼喚着她的名字。

　　「病人還沒有渡過危險期，你不要這樣。」一名醫生説，「如果明早她能醒得過來，就算是渡過一大難了，也算是在鬼門關前繞了一圈。」

　　這一夜，丈夫不知道是怎麼渡過的。他一夜沒睡，自己的頭髮都快被揪完了。他想了很多，他不知道萬一夏曉曦有個三長兩短，他該怎麼辦。

　　天濛濛亮的時候，奇蹟般的，夏曉曦睜開了眼睛。雖然她還不能活動，但是看着喜極而泣的丈夫，還有寶寶的小臉，夏曉曦的雙眼模糊了。

無數人事的變化孕育在時間的胚胎裏。

——莎士比亞

羊水栓塞是指在分娩過程中羊水進入母體血液循環後引起的肺栓塞、休克、彌漫性血管內凝血等一系列嚴重的症狀。

　　羊水栓塞是極其嚴重的分娩併發症，也是產婦死亡的重要原因之一。雖然發生概率小，但是一旦發生，就有半數以上的死亡率。很多羊水栓塞導致的猝死者，都是在半小時之內死亡。也有因為凝血功能障礙和腎衰竭在數小時後死亡的案例。

　　羊水栓塞有數種死亡機制，其中一種死亡機制就是我們上一案例中講過的肺血栓栓塞，但其死亡機制並不僅限於肺血栓栓塞。

　　顯然，羊水栓塞的防治並不屬法醫學的工作範疇。可是，法醫卻要經常接觸羊水栓塞死的案例。很多孕產婦在送往醫院分娩時是正常的，但是突發羊水栓塞死亡的過程迅速，從而造成很多孕產婦家屬的不理解，他們認為是醫療事故導致產婦死亡。因此，由羊水栓塞死亡而引發的醫療糾紛、群體性事件時有發生。在引發醫療糾紛後，會涉及法律問題，該類案件中屍檢、明確診斷就屬法醫學的範疇了。在當今網絡時代，一條帖文就可以引起軒然大波，甚至可以誤導很多不明真相的網民。所以，為了讓更多的人了解羊水栓塞的發生原理、發生過程和屍檢表現就顯得尤為重要了。

　　一般對於羊水栓塞的法醫學檢驗並不複雜。案件時間、空間的特定性，決定了在這類案件中，可以直接排除很多可能的原因，只要抓住羊水栓塞死的病因、死因、死者死亡前的症狀和法醫學檢驗要點，很容易得出最終的死因鑑定結果。

病因

醫學教科書上對羊水栓塞的病因有如下總結：羊水主要經過宮頸黏膜靜脈、胎盤附着處的靜脈竇進入母體血液循環從而導致羊水栓塞。在胎膜早破、人工破膜後，或者宮頸損傷、胎盤早剝等情況下，子宮存在病理性開放性血竇，加上宮縮過強，羊膜腔內壓力過高，羊水會進入母體血液循環，引起一系列病理生理過程，最終可能導致死亡。

死因

羊水栓塞導致死亡的原因，除我們前一案例闡述的「肺血栓栓塞」導致心力衰竭和呼吸衰竭以外，還主要有以下兩種：

一是過敏性休克。羊水中的有形物質或者異體蛋白可以成為母體的一種過敏原，一旦過敏性休克發生，血壓可以迅速下降甚至消失，母體在數分鐘之內就可能死亡；所以在羊水栓塞發生後，通常要進行抗過敏治療。

二是彌漫性血管內凝血導致失血性休克。有人會問，為何彌漫性血管內凝血了，還會失血？其實羊水中有很多促凝的成分，其進入母體後會引起母體彌漫性血管內凝血。發生彌漫性血管內凝血後，血中大量凝血物質被消耗掉，同時羊水中的纖溶酶原激活因子激活纖溶系統，使血液從高凝狀態迅速轉為纖溶狀態；此時凝血功能出現障礙，出血不止，最終引起大失血而導致死亡。

死亡前症狀

產婦在分娩過程中，突然出現胸悶、氣急、煩躁、寒戰、嗆咳、呼吸困難、發紺或者直接休克、出血不止等症狀，就應該立即考慮羊水栓塞。因為羊水栓塞可導致迅速死亡，來不及進行實驗室輔助檢查；所以只有通過症狀來迅速判斷，並且採取搶救措施。

法醫學檢驗要點

　　之前說過，因為是特定人、特定時間、特定條件、特定地點發生的非正常死亡，所以對於法醫來說判斷羊水栓塞死亡並不困難。在充分了解案情、死亡前症狀之後，如果在進行法醫組織病理學檢驗時在肺小血管內或在心、腎、腦等血管內見到羊水的有形成分，即可確定死者死於羊水栓塞。在右心、靜脈血中檢見羊水有形成分一樣具有判斷價值。

　　雖然發生概率極小，但死亡率較高，不過這一案裏我還是不忍心讓夏曉曦死去。

　　母親是最偉大的，祝福天下的母親全都平安健康。

自救
小劇場

小白： 「沒有哪一案比這一案更讓人心驚膽戰了，一直各種擔心。
不過，我們最終沒有出場，這實在是很幸運的一件事情。」

聶之軒：「看起來你開始嫌棄你自己了。」

小白： 「怪不得很多受害者家屬都把我們看成牛鬼蛇神呢！現在我
終於理解他們了。」

聶之軒：「雖然我們是正義之所在，但我也是希望自己的工作能變得
很閒，希望人間太平。」

小白： 「我現在不僅能夠理解受害者家屬，更是能理解做母親的不
易了。母親，果真是這個世界上最偉大的人。」

聶之軒：「是啊！妊娠的整個過程中，母親們都會是小心翼翼的。今
天，我也就來說一說這個過程中應該注意的事項吧！妊娠期
間，要時刻關注孕婦的身體狀態。因為妊娠期易發妊娠高血
壓、妊娠貧血等諸多疾病。按時產檢是必要的，不僅可以隨
時關注寶寶的健康，也可以關注孕婦的健康。一旦發現有妊
娠期併發的疾病，就要遵醫囑，及時給予解痙、降壓等處
理；要是有妊娠貧血，則要遵醫囑給予補血治療。不要小看
這些疾病，它們都是危害孕婦和寶寶健康的殺手。」

小白： 「我就知道曾經有一個『準媽媽』患有妊娠高血壓，自己卻不知道，去診所拔牙，結果險些送命。」

聶之軒：「是啊！妊娠期要格外注重孕婦的身體各項指標，一旦出現異常，就要及時去醫院就診，而不能在診所將就。有的『準媽媽』甚至更不注意，隨意吃藥。要知道，有很多藥物是可以隨着血液流過胎盤到達胎兒體內的，也有很多藥物是會給正在發育中的胚胎造成不可逆的影響，造成胎兒殘疾、畸形或死亡的。當然，不僅僅是藥物，就連『準媽媽』平時使用的一些化妝品，在妊娠期間也要慎用了。」

小白： 「這些，絕大多數『準媽媽』們一定都會特別注意的。」

聶之軒：「還有很多小的方面。比如在懷孕前期三個月內，不能過度運動，不能進行一些伸展運動，蹲下的時候要慢蹲慢起，睡覺應該保持左側臥位，盡可能避免摔跤，洗澡的時候不可以坐浴並且要控制洗澡的時間，要遵醫囑適當補鈣等等。」

小白： 「聽你說了這麼多，畢竟是懷胎十月，這麼久的時間都要格外注意，真的是不容易啊！」

聶之軒：「所以說，你剛才說到，母親是世界上最偉大的人，一點也沒錯。」

CASE: 024

File Name:

慣性的陷阱

Cause:

藥物中毒死

CONFIDENTIAL

　　夏曉曦已經很胖了，但還是管不住自己的嘴。丈夫都說了，她愛吃宵夜的這個毛病最容易導致發胖。因為肥胖，夏曉曦已經被確診患有冠狀動脈粥樣硬化了，而且程度還比較嚴重，醫生嚴令她減肥。丈夫也說了，如果她再胖下去，他就要移情別戀了。

　　不過夏曉曦知道丈夫也就是說說，他絕對不敢移情別戀，不然她打死他。

　　這天晚上，夏曉曦又飢餓難耐了，於是趁着丈夫睡着，偷偷地打開了雪櫃。雪櫃裏居然有幾個包子，估計是丈夫買來當作明天早餐的吧。夏曉曦微微一笑，把包子放到微波爐裏熱了一會兒，狼吞虎嚥地吃了下去。可沒想到，包子剛剛進肚子，夏曉曦就開始全身抽搐起來，身上的肌肉全部強直，而且還不停嘔吐。慢慢地，夏曉曦意識模糊了，她似乎看到丈夫走到了身邊，然後就完全失去了意識。

　　在醫生放棄搶救之後，夏曉曦的父母開始止不住地哭。他們知道夏曉曦因為胖，所以有嚴重的心臟疾病；但沒想到，僅僅三十多歲，就撒手人寰了。

　　看着這幾個在屍體旁嚎哭的人，醫生起了疑心，於是悄悄地撥打了電話報警。

　　「他們都認為死者死於心臟疾病，但我感覺屍體有強直的狀態，而且死者生前有嘔吐現象，不能排除中毒啊！」醫生悄悄地和警察說。

警察聽完，立即打電話叫來了聶之軒。

「你們為甚麼要來？」丈夫顯得很緊張，「我們沒有報警啊！我老婆死於心臟疾病，我們家屬都沒有異議，不用你們來屍檢。」

聶之軒走上前去捏了捏屍體，查看了屍僵的情況，然後又觀察了一下屍體旁的嘔吐物，最後盯着丈夫看了看，說：「現在不是你們有沒有異議的問題，我們執法部門對於死因不明的屍體，有權決定解剖。現在通知你們家屬到場，如果不到場，我們只需要在筆錄中說明，我們並不會因為你們不到場而不解剖。」

「解剖？」夏曉曦的父母警覺起來，「有疑點嗎？」

聶之軒點了點頭。

夏父、夏母說：「那我們同意解剖。」

屍檢在屍體解剖室裏進行，死者的全身並沒有損傷，心臟比一般人的要大，冠狀動脈也已經四級硬化了，確實像是心臟病突發而死亡。但是細心的聶之軒在解剖死者的腦部的時候，發現死者的蛛網膜下腔和腦實質內有小灶性出血。

「加上死者的屍僵非常明顯，又有嘔吐物，你覺得像是滅鼠藥中毒嗎？」小白說。

聶之軒讚許地點點頭，說：「你的理論功底進步明顯啊！我確實是懷疑中毒，我們提取死者的心血送理化檢驗吧！」

屍檢結束後，聶之軒走出解剖室，對夏曉曦的丈夫說：「你說她死亡的時候你在旁邊，她有甚麼症狀嗎？」

丈夫搖搖頭，說：「沒有，就是突然倒地，沒心跳了。」

理化檢驗結果在數個小時後出來了，聶之軒沒有判斷錯，夏曉曦的體內有大量滅鼠藥成分。她是滅鼠藥中毒死亡的。

「奇怪了，滅鼠藥中毒的症狀是強直性痙攣和抽搐、嘔吐。」小白說，「可是她丈夫卻說她是直接倒地死亡的。」

「這就說明，兇手正是她丈夫。」聶之軒淡淡地說，「滅鼠藥是政府管制毒藥，查一下她丈夫最近的行蹤，大概就知道他是怎麼通過非常規途徑弄到滅鼠藥的了。」

在鐵證面前，丈夫不得不低下了罪惡的頭顱。因為嫌棄夏曉曦越來越臃腫的身材，為了和新歡在一起，丈夫對夏曉曦痛下殺手。他通過一個在化工廠工作的同學，弄到了被政府管制的滅鼠藥毒藥，撒在包子裏，給夏曉曦挖了一個陷阱。本來他想通過夏曉曦原有的疾病來蒙混過關，卻不料法網恢恢，疏而不漏。

失去人性，失去很多；失去獸性，失去一切。

——劉慈欣

人體由於毒物作用，器官、組織功能和形態結構發生變化，出現的疾病狀態稱為中毒，而因此發生的死亡稱為中毒死。

我們知道，常見的六大類死亡原因中，中毒也是單獨的一項。在法醫學實踐中，中毒死亡的案例佔了不小的比例。

毒物是指在一定條件下以較小劑量進入人體就能導致機體器官、組織功能和形態結構發生損害性變化的化學物。而人體由於毒物作用，器官、組織功能和形態結構發生變化，出現的疾病狀態稱為中毒，而因此發生的死亡稱為中毒死。

毒物的種類非常非常多，根據其作用方式，可以分為腐蝕性毒物、金屬毒物、腦脊髓功能障礙毒物、呼吸功能障礙毒物等；根據其化學性質，可分為揮發性毒物、金屬毒物、陰離子毒物等；根據作用的部位，還可以分為腐蝕毒、實質毒、酶系毒、血液毒和神經毒等。

在本案裏，我們只根據法醫學實踐中比較常見的中毒案件，將中毒分為藥物中毒、食物中毒和氣體中毒三種來敘述。這樣的分類並不科學，也不全面，但這三種是在法醫學實踐中首先要辨別開來的。

在法醫學實踐中，自殺服毒的案件是最多的，投毒案件或者意外服毒的案件也會偶爾發生。這幾類案件中，最常見的死因是藥物中毒。而在藥物中毒這一類型中，安眠鎮靜藥中毒、農藥中毒和殺鼠劑中毒又是最常見的。

如何判斷藥物中毒死

每一種毒物導致的中毒，屍體的徵象可能都不相同。比如有機磷農藥中毒，會出現瞳孔縮小的屍體徵象；溴敵隆滅鼠藥中毒，會出現凝血功能障礙等。法醫在對一個未知死因的屍體進行現場勘查和屍檢時，首先要對一些特殊的屍體徵象進行觀察和排除，並且觀察現場的嘔吐物等。通過屍檢的結果，法醫在排除了外傷、窒息等其他死因之後，都會常規提取死者的心血、肝臟、胃內容物來進行理化檢驗，排除中毒的可能。即使是一些只做屍表檢驗的屍體，法醫也會抽取心血來備檢，防止隱形命案蒙混過關。

在藥物中毒的案件中，藥物通常都是被害人自行服用的。因為如果強制性灌服毒藥，會在屍體上留下約束傷，在口腔留下外力灌服導致的損傷，而且會因為嗆咳在氣管內留下泡沫狀液體。

那麼，在排除了灌服的可能性後，根據被害人自行服用的毒藥，有的時候就可以直接判斷案件性質。比如有機磷農藥都有強烈刺鼻的農藥味，想要矇騙被害人飲用下去幾乎是不可能的。

但如果是一些無色無味的毒藥，是投毒的可能性就大了。

比如本案例中，犯罪分子把無色無味的滅鼠藥投入包子裏，給被害人設了個陷阱，只要她吃了包子，必然會中毒死亡。

投毒案件因為取證難，破獲難度也會比較大。在案件發生後，法醫通過屍檢、理化檢驗部門通過理化檢驗確定死者是中毒死亡後，偵查部門就會進行相關的外圍調查。結合現場的情況、外圍調查的情況，劃定偵查範圍。

如果確定了犯罪嫌疑人，偵查部門會對犯罪嫌疑人是否具備獲取毒物的途徑，以及是何途徑進行調查。另外，現場勘查部門也會針對犯罪嫌疑人接觸過的東西以及其本身進行勘查，以便發現黏附的一些微量毒物，進行微量物證檢驗，從而獲取物證。

而這一系列的工作都要從法醫屍檢開始，明確死者的死因，並且提出有可能是哪種類型的毒物中毒，這樣才能給理化檢驗部門提供方向，從而最快地確定死者中毒的毒物類型。

自救
小劇場

小白： 「政府對有毒藥物管控這麼嚴格，藥物中毒的事件應該不多吧！」

聶之軒：「確實是不多，但還是會有一些投毒案件發生。有一些別有用心的人，還是會費盡心思通過各種各樣的渠道來獲取那些有毒藥物。我們最常見的就是安眠藥。安眠鎮靜類的藥，確實對失眠、焦慮患者有很大的幫助，不可能完全禁止；但是這些藥物吃多了，也是致命的。」

小白： 「所以需要醫生處方才能購買。」

聶之軒：「雖然概率很小，但是作為普通市民，我們還是要有防範藥物中毒的意識。比如別人給的食品要謹慎食用，那些來路不明的食品是絕對不能食用的，尤其是要把這種意識灌輸給小孩子。」

小白： 「爸爸媽媽從小就教育我們不要在路邊撿糖果吃。」

聶之軒：「現在城市裏的毒鼠藥物少了，但是在農村還是有的。我們法醫在實踐中，也會遇見那些小孩子在路邊撿到了類似糖果的食品食用，最後因鼠藥中毒而死的案例。有些鼠藥真的做得很像食品。」

小白： 「這種意識我們都有，像我這麼愛美食的人，在吃東西上也是很謹慎的。」

聶之軒：「這樣做是對的。另外，在我們身體不適的時候，自行服藥
也要千萬注意。如果有條件，最好是去醫院開藥，按照醫囑
來服藥。如果只是身體小毛病，服用一些常用藥物，也要嚴
格按照說明書來服藥。不能過量服用藥物，也不可以自己隨
心所欲地混搭藥物。還有一種非常危險的情況就是雙硫侖
（又稱戒酒硫）反應[1]。」

小白：　「我知道，喝完酒是不能吃頭孢的。」

聶之軒：「現在雙硫侖反應已經普及得不錯了，大部分市民都知道酒
精和頭孢等藥物一起服用可能致命。」

小白：　「師父，如果你下次聯歡聚會時不想喝酒，我教你個辦法，
在口袋裏放一板頭孢，那可是擋酒神器啊！」

註釋

1 雙硫侖反應，指用藥後如果飲酒，會發生面部潮紅、眼結膜充血、視物模
糊、頭頸部血管劇烈搏動或搏動性頭痛、頭暈、噁心、嘔吐、出汗、口
乾、胸痛、心肌梗塞、急性心力衰竭、呼吸困難、急性肝損傷、驚厥及死
亡等情況。

CASE: 025

File Name:

第五個針孔

Cause:

高鉀血症死亡

CONFIDENTIAL

　　夏曉曦自幼體弱多病，所以才會嫁給一個醫生。

　　不過，嫁給了醫生，也不能改變她的身體狀態。她抵抗力差，經常發燒感冒，心臟還不好，所以去醫院成了她的家常便飯。好在丈夫是醫生，就醫也會方便一些。

　　春天到了，各種病毒、細菌開始復蘇繁殖，每到這個時候，夏曉曦總會大病一場。這一年也不例外，天氣剛剛轉暖，夏曉曦就病倒了。這次，她患上了非常嚴重的病毒性感冒，去醫院，醫生也要求她住院治療，防止她因本身就不是太好的心臟患上病毒性心肌炎而危及生命。

　　不過，畢竟丈夫是醫生，而且夏曉曦總是生病，所以這一筆住院費用，他們夫妻商量後決定省下來。夏曉曦白天自己去醫院輸液，而晚上則在家裏由丈夫照顧。

　　可是去醫院就診兩天之後，意外發生了。

　　第三天早晨，當丈夫準備叫醒沉睡的夏曉曦的時候，卻發現她早已沒有了生命跡象。

　　「醫生説要住院治療，防止病毒性心肌炎猝死，但是我沒上心，説甚麼我能照顧好她，結果她就這樣走了，丟下我一個人走了！」丈夫一把鼻涕一把淚地向警察和法醫哭訴。

　　「你冷靜一下，把這兩天的事情經過詳細和我們説一下。」警察説。

　　「甚麼事情啊？她就是得了急性病毒性心肌炎死亡的，你看這明顯是猝死的徵象啊！」丈夫指了指夏曉曦的屍體説道。

確實，夏曉曦口唇青紫，指甲紫紺，屍斑也是暗紫紅色的，確實符合猝死的徵象。

「我們有法醫去判斷，不需要你判斷。」警察説，「你把這幾天死者的行蹤給我們詳細説一下就好。」

聶之軒來到了現場，看了看死者的眼瞼結膜，沒有看到出血點，又看了看口鼻黏膜和頸部皮膚，也完全沒有損傷的痕跡。

「死者不是機械性窒息死亡的。」聶之軒説，「四肢也沒有約束傷，更沒有其他部位的損傷痕跡。現在看，除了中毒就是疾病了。」

「不可能中毒，我們昨晚一起吃的飯，一直好好的，而且我也好好的。」丈夫説，「她也沒有再吃其他東西了，更沒有吃毒藥。」

「你説她是夜裏睡覺以後死亡的對嗎？」警察一邊記錄，一邊問。

丈夫點了點頭，説：「是啊！從我的從醫經驗來看，猝死一般都發生在夜裏。」

這句話引起了聶之軒的注意，聶之軒抬腕看了看手錶，又活動了一下屍體的上肢，説：「對於死因不明的屍體，執法部門有權決定解剖。所以我會對此屍體進行解剖檢驗。」

丈夫的臉色突然變了，説：「憑甚麼？憑甚麼？她是我老婆，我不讓解剖，看誰敢解剖。」

公權力當然大於個人的脾氣，所以屍體最終還是被送往屍體解剖室，接受了解剖檢驗。檢驗前，小白疑惑地問聶之軒：「這種猝死案子，為甚麼還要解剖？」

「你不覺得有很多疑點嗎？」聶之軒一邊進行更加細緻的屍表檢驗，一邊説。

「不覺得啊！確實沒有外傷，沒有窒息徵象，又在患病狀態，屍體也是猝死徵象啊！」小白説。

「猝死徵象並不能説明甚麼問題。」聶之軒説，「很多外界因素導致的死亡，只要是心搏驟停死亡的，都會出現猝死徵象。」

「那疑點在哪呢？」

「主要有兩個疑點。」聶之軒説，「第一，是針孔。」

説完，聶之軒指了指死者的手背。

「針孔？那不是疑點啊！」小白說，「這幾天死者一直在打針啊！」

「剛才死者丈夫說，她是每天上午、下午各去醫院一趟，打一針。」聶之軒說，「打了兩天針，應該有四個針孔。但是死者的手背上有五個針孔。」

「這個也不算疑點吧？」小白說，「我們打針的時候也有可能會鼓包重打，有的時候也會第一針進不去重新來一針。多一個針孔說明不了甚麼問題吧？」

「鼓包的話，就一定會有一塊面積不小的皮下出血，然而死者沒有。」聶之軒說，「她的手背靜脈這麼清楚，很少有護士會一針進不去的。要說進不去，通常是你這種看不清靜脈的胖子。」

「你是說，有人多給她打了一針？」小白問。

「當然，疑點不止這一個。」聶之軒說，「死者的丈夫說她是夜裏死的，但是從死者的屍體徵象來看，她死亡最起碼十二個小時以上了！也就是說，昨晚七點鐘之前就應該死亡了。」

小白若有所悟。

解剖在迅速進行中。聶之軒提取了死者的血液，要求偵查人員迅速送往理化實驗室進行毒物排查和血液生化指標測定。在打開死者胃的時候，聶之軒說：「你看，她的胃是空的，顯然不是吃完飯後死亡的，而從屍體徵象推斷，也不可能是晚飯之後很久，胃排空才死亡的。所以，她的丈夫說謊了。」

案件很快告破了。聶之軒從死者的血液中，發現鉀離子大幅度超標，說明她是過量攝入鉀離子，導致高鉀血症，引起心律失常、心搏驟停而死亡的。警方通過其他偵查手段，發現夏曉曦的丈夫有重大作案嫌疑，因為他非法獲取了含鉀離子的注射液和注射器。

果真，丈夫在鐵證面前坦白了。他因為受不了夏曉曦的體弱多病，而起了殺心。身為醫生的他，假裝給當時頭暈難受的夏曉曦注射，用含鉀離子的注射液來害死了她。

人的心如果有一個破洞，美好的東西就會從這個破洞裏漏洩掉。人心是不可忽視的。

——東野圭吾

注射死其實是一種死亡方式，不能算是一種死因。

喜歡偵探小説的朋友，對今天的這個橋段一定會比較熟悉。但是法醫利用專業知識發現隱藏的犯罪，在偵探小説裏出現卻比較少。其實，這種看似「完美犯罪」的素材有時候真的可以遇見，只是對於法醫來説，並不難識破。也就是説，想要「完美犯罪」，最難的還是要過法醫這一道關。

注射死其實是一種死亡方式，不能算是一種死因。但因為很多朋友提及「完美犯罪」的話題，我才把這種經常出現在偵探小説裏的「完美犯罪」拿出來單獨敘述。既然能拿出來敘述，自然説明這並不是一種「完美犯罪」。

注射死的原因

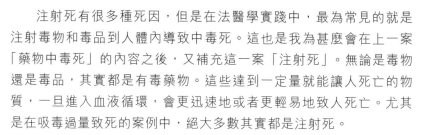

注射死有很多種死因，但是在法醫學實踐中，最為常見的就是注射毒物和毒品到人體內導致中毒死。這也是我為甚麼會在上一案「藥物中毒死」的內容之後，又補充這一案「注射死」。無論是毒物還是毒品，其實都是有毒藥物。這些達到一定量就能讓人死亡的物質，一旦進入血液循環，會更迅速地或者更輕易地致人死亡。尤其是在吸毒過量致死的案例中，絕大多數其實都是注射死。

其次，就是注射藥物後的過敏死。我們從小就對這個詞不陌生吧？藥物過敏也是醫療機構一直在想辦法避免的。我們在打點滴之前，要進行皮試，也是防止我們的身體對某種藥物過敏而發生危險。

　　最後，就是注射導致的栓塞死。在很多美劇中，都有這樣的作案手法。利用注射器，給人體循環系統裏打入大量的空氣，導致肺栓塞死亡（前文有述）。這也是一種注射死的手法，但這也並不是「完美犯罪」。第一，需要很大量的空氣進入血管，才會引起栓塞而導致死亡。第二，法醫在屍檢的過程中，很容易發現死者心腔內的異常，從而得出結論。

　　當然，這一切發現，都取決於最初的屍表檢驗。我說注射死不是「完美犯罪」的原因，是注射死必定會留下針孔。不要小看這個微小的東西，法醫最注重針孔的發現。即使是對正在生病中的患者，法醫也會很認真地去搞清楚針孔的數量，就像本案裏那樣。

　　一旦發現了可疑的針孔，那麼「完美犯罪」就不攻自破了。因為無論是運用甚麼高端的毒物，都可以通過理化檢驗或者血液生化指標檢測而被發現。即使是那些進入體內就能自己代謝掉的毒物，也可以在針孔附近的皮膚處發現蹤跡，從而讓犯罪無所遁形。

　　除去針孔，每宗案件根據案情的不同，都會有其他可以讓法醫發現的疑點。比如本案裏的丈夫口供和屍體的胃內容物、屍體徵象等不吻合，也會成為讓警方高度懷疑的一個依據。

　　案件調查是一個綜合、立體的活動。揭示隱藏的犯罪，也絕不能僅依靠法醫。在調查注射死殺人的過程中，很多部門都是可以發揮出自己的作用的。所以，所謂的「完美犯罪」，不過是小說家的臆想罷了。

　　注射死不一定就是他殺。有可能是吸毒過量而導致的死亡，也有可能是輕生者自注毒藥的自殺，還有可能是醫療事故而導致的意外。但是，無論是哪一種性質，只要發現了疑點，法醫就一定會追查到底。

自救
小劇場

小白：　「師父，注射死最常見的是甚麼情況啊？」

聶之軒：「當然是吸毒了。在法醫學實踐中，最常見的就是吸毒者注射過量毒品而導致的死亡，同時經常使用不清潔的注射器也有可能被傳染愛滋病等傳染病。」

小白：　「珍愛生命，遠離毒品，這句話我們從小學就會背了。」

聶之軒：「要說現代社會最害人的是甚麼，那一定就是毒品了。無論是甚麼毒品，我們都是千萬不能沾上一點的。」

小白：　「注射死中過敏也發生得不少吧？」

聶之軒：「是啊！但是按照醫療規程，現在凡是有過敏可能的藥物，都是要進行皮試的，所以這種死亡的概率降到了很低。但還是有一些人在身體不適的時候去那些沒有行醫資格的無牌診所就醫，有的時候也會發生過敏死的事件。」

小白：　「雖然現在醫院人比較多，要排隊，但是各個社區都有正規的診所。所以如果我們身體不適，哪怕是感冒這種小毛病，也要去正規醫療機構就診。」

聶之軒：「說得對，包括近些年流行起來的美容行業，顧客也是需要去有質素的醫療機構。我就碰到過非法行醫者在給人注射玻尿酸隆鼻時，一針把玻尿酸打進了患者眼動脈，導致瞬間失明且無法恢復的情況。所以說，注射其實也是一件比較危險的事情，我們可不能輕率。」

CASE: 026

File Name:

租住在倉庫邊的女人

Cause:

密閉空間中毒死

CONFIDENTIAL

夏曉曦從大學畢業開始，就自己出來租房子住。

這是一棟兩層連排小樓，一樓是房東自己的倉庫，二樓則是六七間小屋，全部租給剛剛大學畢業在到處求職又或是剛剛出來工作的單身青年。

那裏生活便利，鬧中取靜，所以夏曉曦很喜歡自己的這個住處。房東也是個很自律的人，他的主業是收售糧食，就是做糧食生意的。每次進貨、出貨，也都非常自覺地選租客們不在家的時候，防止打擾到他們的休息。

夏曉曦這天下班回來，發現房東又進了一大批糧食，都已經全部裝進了倉庫。她微微一笑，深感房東的貼心。勞累了一天的她，正想好好休息一下，如果這時候進貨，自己該有多難受。

夏曉曦從倉庫的大門進去，沿着倉庫內部的樓梯，就回到了自己的房間。她的小房間有兩扇窗戶，一扇是在門旁，和樓梯相通，連接了倉庫的內部。這一扇窗戶夏曉曦是常年不關的，因為它在建築物的內部，不存在安全問題。另一扇窗戶則通往樓外，夏曉曦比較謹慎，和其他房客不一樣，她總是關閉這扇窗戶，防止有小偷潛入屋內。

即使不通風，但是至少安全。對於一個女孩子來說，安全才是最重要的。

勞累了一天的夏曉曦，洗完澡就躺在床上呼呼大睡起來。在生理期還要承擔這麼繁重的工作，實在是太慘了。

　　昏昏欲睡的夏曉曦突然感覺到了陣陣噁心。她沒有在意，因為她知道自己的胃腸道不好，噁心、嘔吐是經常發生的事情。而此時，無論有多噁心，她都不想爬起來就醫、吃藥，因為實在是太累了。

　　可沒有想到，這種難受的感覺越來越強烈，在昏昏沉沉當中，她似乎感覺到自己探頭吐了出來。也不知道嘔吐物有沒有弄髒她的鞋子，但這都不重要了，因為現在最重要的事情就是能好好地睡上一覺。

　　時間就這樣過去了。

　　第二天，因為公司發現夏曉曦沒有來上班，就打電話通知了她的父母。而夏曉曦的父母反覆打電話都聯繫不上她，於是找了在住在附近的親戚，請他去夏曉曦的住處看看。

　　這一看，把親戚給嚇壞了。

　　夏曉曦早已離開了人世。

　　在接到報案後，聶之軒和小白及時趕到了現場。

　　「全身沒有任何損傷痕跡，尤其是頸部、口鼻和胸腹部皮膚都沒有遭受外力的痕跡。」小白說，「可以排除死者是遭受機械性暴力或者機械性窒息而死亡。屍體的屍斑呈暗紫紅色，指甲青紫，口唇發紺，這倒很符合潛在性疾病導致的猝死徵象。」

　　「可是，只要現場發現了嘔吐物，我們就不能排除中毒死亡啊！」聶之軒皺着眉頭思考着。

　　「中毒？」小白說，「現場不具備中毒的條件啊！根據調查，她晚上是不吃飯的，而且現場也沒有任何食物和飲料，甚至連餐具、容器都沒有，說明她回來以後並沒有進食或者飲水。」

　　聶之軒指了指樓下的倉庫說：「提示理化檢驗部門，看看能不能在屍體血液中找出磷化氫的成分。」

　　和聶之軒預料的一模一樣，理化檢驗部門很快就在死者的血液中檢出了磷化氫的成分。

　　「師父，你是怎麼料事如神的呢？」小白驚訝道。

「很多需要對糧食進行儲備的人，為了防止蟲子破壞糧食，都會在糧食上噴灑磷化鋁。」聶之軒說，「這種東西可以和空氣中的水分發生化學反應而產生磷化氫。磷化氫是一種有毒氣體，是可以致命的。這個命案現場是半密閉狀態，它通往糧食倉庫的窗戶是打開的，而能夠吸納新鮮空氣的另一側窗戶卻是關閉的。這樣一個可以讓磷化氫進入，卻不能散發的半密閉空間，當然有造成中毒的條件。」

「房東應該負有直接的責任。」小白說，「死者的死因被準確查出，才是對死者最大的尊重。」

它總是那麼平靜，那麼淡漠，那麼默默無聲，你會突然感到一種隱隱的不安。

——毛姆

最常見的氣體中毒是一氧化碳中毒，而磷化氫中毒、二氧化碳中毒、硫化氫中毒、苯中毒，以及工業事故中氯氣中毒也偶爾發生。

在說完藥物中毒死和注射死之後，現在聊一聊氣體中毒死。

在法醫學實踐中，氣體中毒死在中毒死中所佔比重不小。最為常見的氣體中毒，是一氧化碳中毒。另外，本案裏說的磷化氫中毒，以及二氧化碳中毒、硫化氫中毒、苯中毒和工業事故中氯氣中毒也偶爾會出現。

二氧化碳湖是一種罕見的自然現象，是二氧化碳氣體在山坳、窪地大量堆積形成的類似湖形區域，形成這種現象的原因是二氧化碳無法及時擴散。因其無色無味，所以接近的人畜可能在不知不覺中缺氧窒息，瞬間致命。

如何判斷氣體中毒

氣體中毒是需要特定條件的，不僅僅要有氣體產生的源頭，而且要求中毒現場是密閉不透風的。通常，法醫在現場勘查時懷疑是氣體中毒，就首先要勘查現場是否存在這兩個必要的條件。比如之前曾經出勘的一個現場，一個三房一廳的住宅，每個房間都住了人，但是只有兒童房的孩子一氧化碳中毒死亡，而其他人沒有症狀，所以案件被懷疑成食物中毒或者投毒案件。可是經過勘查，才發現一是現場有產生一氧化碳的條件，二是其他兩個房間都是關門開窗的，只有兒童房是開門關窗。於是兒童房成為整個現場中具備氣體中毒條件的唯一現場，加上孩子的耐受力差，才釀成了慘劇。

因為氣體中毒的特殊條件要求，在法醫學實踐中絕大多數氣體中毒都是意外發生的事件，本案裏的慘劇也是意外事件。少數案件

中，也會有死者利用「燒炭自殺」的方法來產生一氧化碳奪取自己的生命。而利用氣體中毒來殺人的，因為條件約束是很難完成的，在實踐工作中極少遇到。

當然，在火場中發生的一氧化碳中毒應該另當別論（具體請參照 CASE 011──面目全非），因為這個時候的中毒性質是由火災發生性質來決定的。

對於氣體中毒的現場，因為死者被發現後，現場狀態很有可能被改變，從而有可能導致判斷失誤。所以，對於現場原始狀態的調查就顯得尤為重要了。

🔍 圍繞現場環境進行調查和勘查

首先要確定現場是密閉不透風的情況，這樣才有可能造成有毒氣體的大量堆積，最終導致達到致死濃度而使人死亡。在通風的現場，即使產生大量的有毒氣體，但因為會迅速擴散，所以也難以造成中毒。除非是工業事故，導致大量有毒氣體迅速洩漏，在瞬間導致人體中毒死亡。但這樣的事故也是可以通過環境情況來確認的。

🔍 對現場是否存在有毒氣體產生源頭進行勘查

前面說過，在法醫學實踐中，絕大多數的氣體中毒都是一氧化碳中毒。所以在法醫懷疑存在氣體中毒的情況下，應尋找是否存在產生一氧化碳的可能性。比如現場有正在焚燒的炭盆，可能因木炭燃燒不充分而產生大量一氧化碳；又或是家中的熱水器安裝不符合規範，導致應該排出屋外的一氧化碳堆積在家中等。在發現有可產生一氧化碳的源頭的情況下，法醫會利用儀器對現場的氣體環境進行測定。比如檢測在打開熱水器的時候，房屋內一氧化碳的數值最高可以達到多少。除了一氧化碳，本案裏說的磷化氫中毒，或者工業事故中的氯氣中毒，環保部門都是有能力對現場氣體環境進行測定的。

🔍 對屍體進行檢驗，並且發現可能存在氣體中毒的屍體徵象

法醫在勘查非正常死亡現場的時候，首先要排除死者死於外界暴力。在此前提之下，就要重點考慮中毒或者是疾病。如果現場存在嘔吐物，屍體徵象提示存在中毒的可能，都會讓法醫懷疑是中毒死亡。在懷疑是中毒死亡之後，法醫會提取死者的心血，或者通過屍檢來提取死者的肝臟等內臟器官，進行毒物化驗。通過毒物化驗，就可以確證死者的死亡原因了。

除了嘔吐物，不少氣體中毒也是有特殊的屍體徵象的。比如最常見的一氧化碳中毒，該中毒方式是一氧化碳進入人體後，與血紅蛋白競爭性結合形成碳氧血紅蛋白，使得血紅蛋白失去攜帶氧氣的能力，導致機體缺氧死亡。碳氧血紅蛋白使得屍體屍斑、肌肉、器官和血液都呈現出櫻桃紅色，這是一氧化碳中毒的重要屍體徵象。而二氧化碳中毒的屍體會出現明顯的窒息徵象；硫化氫中毒的屍體，因為體內的硫化血紅蛋白而使得屍斑呈現紫綠色或暗綠色；氯氣中毒會導致呼吸道黏膜損傷；光氣[1]中毒會導致角膜穿孔或瞼球黏連等。這些都可以作為氣體中毒死的判斷依據。

註釋_____

1 光氣，又稱碳酰氯，高毒，常溫下為無色氣體，有腐草味。環境中的光氣主要來自染料、農藥、製藥等生產工藝。

自救
小劇場

小白：「是你救了我，對嗎？師父，我是不是一聞到有機磷農藥的味道就會暈倒？」

聶之軒：「有機磷農藥有揮發性，但是揮發的那一點點，是不會導致中毒的。」

小白：「師父！你就是不想給我算工傷！」

聶之軒：「真沒有。讓你立即休息，注射葡萄糖，你很快就好了。你還不是因為早餐沒吃而出現低血糖了？」

小白：「我這麼胖，也會低血糖？」

聶之軒：「低血糖和胖瘦可沒多少關係，你這麼愛吃，一頓不吃更容易低血糖。所以啊，以後要規律飲食。好在你這次只是低血糖，要是氣體中毒可就相當危險了。我們法醫工作的環境，大多數是未知的，而這些環境中有沒有有毒氣體，事先也是不知道的。實際工作中，我們也不可能總是背着個氧氣瓶進入現場，所以就需要我們事先大概了解現場情況，並推測可能出現的危險，從而提前進行防範。」

小白：「師父，我現在算是知道各種防範危險知識的重要性了，以後再也不煩你科普了。」

聶之軒：「原來你煩我。」

小白：「咳咳……師父，我已經開始聽課了，你趕緊教我吧！」

聶之軒：「最常見的氣體中毒就是一氧化碳中毒了。要養成每天晚上睡覺前檢查煤氣爐的好習慣，還有煤氣公司每年的上門安檢，要積極配合。使用煤氣爐的時候，煤氣爐旁邊不能沒有人，防止火焰被溢出的水撲滅。煤氣熱水器的使用也一定要

安全、規範，比如不能把煤氣熱水器安裝在浴室內，要保證煤氣熱水器的排氣管道通暢。」

小白： 「是啊！管道要是脫落，把廢氣全排在了家裏，那可就真是危險了。」

聶之軒：「對於疑似一氧化碳中毒的現場，我們第一時間進入現場只能短暫停留，首先要將現場通風，待現場通風徹底之後，再進行勘查工作。不過，對於二氧化碳中毒的現場，則不能貿然進入了。在一些密閉的低下位置容易形成二氧化碳湖，集聚大量二氧化碳之後，人一進入，就會立即失去意識而死亡。雖然二氧化碳湖沒那麼多見，但我們事先了解到現場位置低下、封閉，就必須要留意了。」

小白： 「說到有毒氣體，我聽說過一些離奇的『迷香』案。一些人跟記者敘述自己的遭遇，說是有人經過他身邊時，他聞見一縷清香，然後就中毒了，跟着那個人走了，那個人讓他做甚麼就做甚麼，結果被洗劫一空後回家了。」

聶之軒：「這種事情都是謠言。有的人是遭遇了詐騙，被騙走錢財後，沒法和家裏人交代，只能編出這樣的故事了。其實，世界上是沒有能夠讓人言聽計從的氣體毒藥的。」

小白： 「我就說，如果真的有那種毒藥，我一定要弄一點，然後讓食堂的大姐每次多給我點肉。」

CASE: 027

File Name:

黑暗料理

Cause:

食物中毒死

CONFIDENTIAL

夏曉曦接到了丈夫的電話，他又因為加班而不回來吃飯了。

長期以來，夏曉曦家都是由丈夫做飯的，所以夏曉曦一看到爐灶就頭痛。叫外賣吧，夏曉曦又捨不得給運費。反正也不餓，看丈夫能不能早一點回來吧！

想到這裏，夏曉曦又安心地坐在電腦前，津津有味地看起了電視劇。不知不覺又過了兩個小時，夏曉曦的肚子開始咕嚕咕嚕地叫了起來。

算了，還有剩飯和幾個月前買的腐乳，將就這麼一頓也並不是甚麼難事。

用微波爐叮熱了剩飯和腐乳，夏曉曦坐在電腦前面，將就了這一頓。

剛剛吃完，丈夫就開門進來了。

「你看看你，早回來十分鐘，我也不用將就這一頓了。」夏曉曦笑道。

「哎，叫外賣就好，至於那麼節省嗎？」丈夫很累，簡單地和夏曉曦聊了幾句，洗完澡很快就進入了夢鄉。

睡到半夜，丈夫被夏曉曦推醒了。

「我肚子脹得很厲害，而且渾身沒力，呼吸還很困難，這是怎麼了？」夏曉曦有些口齒不清。

「要不要去醫院看看？」丈夫驚醒過來。

「會不會是吃腐乳吃壞了肚子？」夏曉曦説。

「吃壞了肚子不是應該肚瀉和嘔吐嗎？」丈夫説，「你這個肯定不是啊！」

「那再看看吧！」夏曉曦痛苦地轉身，努力讓自己睡着。

可是完全沒想到，丈夫一覺醒來後，發現夏曉曦的身體冰涼冰涼的。

此時的夏曉曦，已經沒有了生命跡象。

「她會不會是猝死？」在現場的小白問聶之軒，「根據調查看，死者死亡前出現了呼吸困難的症狀，會不會是有心腦血管潛在性疾病？」

「死者排除了機械性損傷和機械性窒息死亡，結合現場情況，自然要考慮疾病猝死和中毒。」聶之軒説。

「那就可以排除他殺了？」小白説。

「是不是他殺需要結合調查和現場勘查來進行。」聶之軒説，「而且，也不能排除有人投毒。」

小白點了點頭，和聶之軒一起趕赴解剖中心對夏曉曦的屍體進行解剖檢驗。

「根據調查情況，死者在死亡之前一直神志清醒啊，也可以懷疑是中毒？」小白一邊檢驗屍體，一邊問。

「誰説一定要昏迷才會是中毒？」聶之軒説，「你看死者沒有損傷、沒有窒息徵象，各組織臟器從大體上看也都是正常的。」

「嗯，教授説過，大部分疾病是可以從組織器官的大體觀察來進行初步判斷的。」小白説，「那你考慮是中毒？」

聶之軒用注射器抽取了夏曉曦的心血，説：「把血液送去毒物化驗。哦，留一點血，加上她昨晚吃的東西一起提取，送去進行細菌培養。」

「細菌培養？」小白一臉狐疑。

幾天後,結論下來了。夏曉曦的體內並未發現毒物中毒的跡象,可是對其心血和腐乳的檢材進行細菌培養後,發現了大量的肉毒桿菌。

「知道嗎?肉毒桿菌毒素是比氰化鉀毒性還要高很多的毒物。」聶之軒說,「中毒後可能會出現聲音嘶啞、吞咽困難、呼吸困難、胃腸麻痹等症狀。因為對感覺、交感神經無影響,所以可以一直神志清醒。」

「也就是說,這是食物中毒?」小白問。

聶之軒點了點頭,說:「對,這是典型的食物中毒。因為食物中毒是小概率事件,結合現場勘查和調查情況,這是一宗意外事件。」

貪吃蜂蜜的蒼蠅準會溺死在蜜漿裏。

——愛默生

案情剖析
食物中毒死
★★★
★★★
APPROVED

食物中毒死是指進食了被具有致病性細菌及其毒素或其他化學毒素污染的食物，或者本身就含有自然毒素的食物，而出現急性中毒導致的死亡。

食物中毒，指的是進食了被具有致病性細菌（真菌）及其毒素或其他化學毒素污染的食物，或者本身就含有自然毒素的食物，而出現的急性中毒性事件，嚴重者可以導致死亡。

細菌或真菌性食物中毒

細菌或真菌性食物中毒是指由於食入被細菌污染或者寄生真菌的食物而出現的中毒。常見的有發霉了的米粉、變質的銀耳等發生的黃麴黴菌中毒，食用自製醬類、不新鮮的肉類後發生的肉毒桿菌毒素中毒，在食用患病動物胃腸道或者生魚、消毒不徹底的牛奶時容易出現的沙門氏菌中毒，食用不潔加工食品導致的金黃葡萄球菌中毒。

化學性食物中毒

最常見的化學性食物中毒是亞硝酸鹽中毒。亞硝酸鹽作為食物添加劑，在醃製肉類時可增加色澤和香味，也可以防腐。所以，在法醫學實踐中，經常會遇見屍斑呈藍褐色，口唇、指甲顯著青紫的死者，這就要考慮是否為亞硝酸鹽中毒。和細菌、真菌性食物中毒不同，因為亞硝酸鹽也可以作為投毒的藥物；所以要在排除投毒、誤食的情況下，結合調查，才考慮為過量食用醃製肉類導致的食物中毒。

有毒動植物性食物中毒

很多動植物都會被作為人類的食物，所以有時在誤食有毒動植物後，也可能會發生食物中毒。有毒植物性食物中毒，多見於食用自行採摘的有毒野菜、野果，也多見於有毒植物被用作中藥、過量服用。有毒動物性食物中毒，也有以上原因，有時也可見於誤食有毒動物（如古人就有「冒死吃河豚」的說法）。

食物中毒有潛伏期短、暴發突然、時間集中的特點，多見集體發病，無傳染性，其臨床表現基本相同，多為胃腸道症狀。經過調查，也能明確發病和進食之間的關係，若停止食用該食物，並及時救治，發病即停止。

食物中毒的案件，經過調查、現場勘查、屍檢和實驗室檢查，是很容易確定的。而且因為非投毒性食物中毒的發生需要具備很多條件，能造成中毒的概率較小，所以食物中毒一般都是意外事件。因此案件性質也很容易確定。

法醫在食物中毒的案件中，需要盡快明確其是食物中毒，並找出中毒源，以防止中毒事件繼續發生。這就需要法醫掌握法醫毒理學，對各種類型食物中毒的屍體徵象、臨床症狀和可能的中毒源有充分的了解。

食物中毒也可能是群體性事件；因此，食品監督管理部門的任務也是很重的。同時，食品生產企業也必須非常重視生產過程中的原料、處理方法和加工人員衛生情況。畢竟一旦發生食物中毒事件，對食品生產企業的打擊是致命的。

而作為普通市民，也應該了解食物中毒的危害性、危險性，了解容易發生食物中毒的食品，重視預防食物中毒。

聶之軒：「小白，你作為吃貨的代表，今天這堂課還真是要好好聽。」

小白：　「師父！我怎麼就是吃貨的代表了？」

聶之軒：「我們去野外工作，你看見路邊的野果都敢摘下來吃，還不是吃貨的代表？要知道，這樣的行為是很危險的。我們不認識的野果、野菜，甚至是動物，都是不能亂吃的。一個不注意，就會發生食物中毒了。」

小白：　「放心吧，師父！我這麼怕死的人，冒死吃河豚的事情是不會去做的。那次吃野果，也是我認識的果子，好吧？」

聶之軒：「不過，吃那些不認識的植物、動物的畢竟還是少數，食物中毒大多數還是因為食物不衛生、生吃食物。最常見的，是老人們為了不浪費食物，吃一些變質的食物，這是很容易導致細菌性、真菌性食物中毒的，同樣可以危及生命，真的得不償失。」

小白：　「醃製的食品也不能多吃對吧？」

聶之軒：「對，醃肉類食物受到很多人的喜愛。但是食用這些食物一定要有度，不能過量。在法醫學實踐中，也是經常可以看到因為過量食用含有亞硝酸鹽的食物而發生中毒的案例。」

小白：　「說真的，我以前都沒有意識到食用變質食物有可能危及生命呢！還以為頂多肚瀉幾次就好了。」

聶之軒：「肚瀉也是身體自我保護的一種方式。大多數情況下，食物中毒只是上吐下瀉。但是，我們也不能輕視食物中毒的威力。對了，還有一種中毒，也可以算作食物中毒，那就是有些人病急亂投醫，找到一些打着中醫幌子，沒有行醫資格的江湖郎中，開了一些中藥方吃，這也是很危險的。我在法醫學實踐中，也見過服用過量中藥而導致死亡的案例。」

小白：　「所以說，我們吃的東西，是真不能將就的。」

CASE: 028

File Name:

文藝女孩之死

Cause:

雷擊死

CONFIDENTIAL

　　可能是最近看的小說太多了，夏曉曦突然發現參不透自己的人生。

　　夏曉曦本身就是一個性格內向的高中生，身處青春期，也難免會胡思亂想。尤其是最近看了很多「雞湯」類的小說，她愈發搞不清楚自己生活在這個世上究竟是為了甚麼。

　　夏曉曦有個很不好的習慣，就是喜歡淋雨。即使是帶了雨傘，她也經常會漫步在雨中。她自己也說不清這樣做究竟有甚麼好，就是簡單地覺得，雨水的滴落可以讓她更加清醒。

　　也許，雨滴才最適合她這種憂鬱氣質的女生吧！

　　因為害怕父母責罵，每次淋雨她都會適可而止，沒等把身子淋濕，就極不情願地打起了雨傘。可是，這幾天的夏曉曦實在是太鬱悶了，她實在需要一次徹徹底底的清醒。

　　夏天的天氣真是說變就變，就在夏曉曦期盼來一場大雨的時候，果真窗外烏雲密佈了。這一次，一定要好好享受雨滴帶來的快樂。還在上課的夏曉曦這樣想着。此時她的心，似乎已經飛到了瓢潑的大雨裏。

　　可能真的是天意吧，就在下課鈴聲響起的那一剎那，黃豆大的雨點開始墜落，城市瞬間被雨霧籠罩。

　　「小妹妹你怎麼不撐傘啊？」

「這樣淋雨要感冒的呀!」

路人的好心,在夏曉曦看來實在是很討厭,所以她決定找個人少的地方,痛快地享受這一場及時雨。

大雨嘩嘩地下着,夾雜着電閃雷鳴。

夏父、夏母以及十幾名親戚,此時已經熬紅了雙眼,聲嘶力竭地叫喊着夏曉曦的名字。警署也派出二十多名警察,駕駛着警車四處尋找着夏曉曦的身影。放學之後,夏曉曦就這樣莫名其妙地失蹤了。

夏父、夏母最後的希望,被警察同情的眼神徹底擊破了。

「我們找到女孩了,你們做好心理準備。」警察說。

夏曉曦的屍體是在學校三公里以外的一處草地被發現的。警察迅速對屍體周圍進行了現場保護,並拉起了封鎖帶,同時急召法醫趕來。因為,夏曉曦的衣服都破碎了,被拋棄在屍體不遠處。

「難道是性侵引發的命案嗎?」警察疑惑道。

聶之軒和小白很快趕來,最先映入他們眼簾的,就是屍體上樹枝狀紅色的斑紋。

在全面檢查屍表的時候,細心的聶之軒在夏曉曦的皮膚皺褶中,發現了黑色的條紋,同時,還發現了夏曉曦手上一條金屬手鏈已經熔化。

「雷擊死。」聶之軒指了指屍體旁邊的大樹說。

「為甚麼?」警察指着被拋出的衣物,「衣服都被扒光了!」

「雷擊可以讓衣服破碎,甚至被剝下、拋出。」聶之軒說,「屍體上沒有約束傷、威逼傷和抵抗傷,也沒有被性侵的跡象。死者身上的雷擊紋和皮膚燒灼傷,以及金屬物件的熔化,都說明了她是雷擊致死的。」

死了的橡樹立在風暴裏,而繁茂的卻被雷電擊倒了,因為雷電可以抓住它的樹冠。

——克萊斯特

當雷電支流擊向地面的時候，如果接觸到人體，可以引起傷亡。在這個過程中出現的死亡，稱為雷擊死。

雷電是帶有大量電荷的雲層與雲層、雲層與地面在極短時間內產生的強烈自然放電現象。雷電屬超高壓直流電，電壓可高達 109 伏特，電流也可高達數萬安培，閃電直徑可以大至 6 米。

被雷擊的人，根據途徑的不同，也會有不同的後果。如果雷電釋放出的電流直接通過人體，因為超高壓的電流作用，人體必然會死亡；如果雷電分散落地，因為電流急劇降低，其再間接接觸人體，致死概率將會大大降低；如果雷電通過金屬物產生感應電流作用於人體或人體在電弧之內，可能會導致電休克，但大多數可以存活。

如果電流通過心臟或腦幹，導致心臟停搏或者生命中樞麻痺，可以直接導致人體死亡。如果導致電休克或者嚴重燒傷，也可引起繼發性休克或器官功能障礙而導致死亡。甚至有人因為過度驚嚇而產生神經性休克死亡。如果僥倖被雷擊後不死，也有可能出現意識喪失、腦神經功能暫時障礙、傳導性耳聾、皮膚燒傷等「雷擊綜合症」。雷擊後的倖存者，也可能會留下皮膚營養不良性改變、神經痛、感覺障礙等雷擊後遲發效應。

如何判斷雷擊死

對於雷擊死的死因鑒定，法醫除要確認具備雷擊死的自然環境條件以外，還需要確認死者的屍體形態學改變。

雷擊死的屍體上可能會出現類似電流入口和出口的徵象，可以是表皮的破裂穿孔，甚至是皮膚廣泛撕裂、體腔開放。但是最具備特異性特徵的，還是「雷擊紋」。

雷電通過人體皮膚，可以留下紅色或薔薇色樹枝狀、燕尾狀的斑紋，這被稱為雷擊紋。這是由局部輕度皮膚燒傷以及皮下血管擴張所致，可伴有血液滲出。這種特殊斑紋是雷擊死特有的證據，有非常大的價值。但它並不是永久存在的，在人體死亡後，這種斑紋會在 24 小時之內褪色或者消失；在雷擊後存活的機體上，也會在短期內消失，最多可以保持數日。這些斑紋多見於死者或傷者的頸胸部，也可以位於肩膀、腋窩、大腿或腹股溝處。

除了雷擊紋，雷電燒傷有的時候也可以成為診斷雷擊死的證據。由於雷電作用時間短，很少能看到雷擊導致的人體嚴重燒傷，但是有金屬物體接觸的人體部位的皮膚可以形成燒傷。不過，雷擊死的皮膚燒傷很少能深達皮下組織，有的時候只可在皮膚的皺褶裏看見黑色的條紋狀燒傷。被雷擊的死者，衣服可以被撕碎，有的甚至被剝下並拋出一段距離；受害者隨身攜帶的金屬物品，可能被熔化。

對於雷擊死的死者進行屍體解剖，可能會發現死者帽狀腱膜下血腫、顱骨骨折、顱內出血，這是因為雷擊最常見的擊點是頭部。雷擊死的死者腦組織可以發生彌漫性點狀出血，全腦腫脹、灶狀軟化。其他的內臟器官也會有充血、出血的表現，心臟可能會出現心肌纖維的斷裂，各器官的漿膜、黏膜下點狀出血。

在發現上述的各種屍體徵象，並排除其他可能存在的死因之後，法醫就會出具「雷擊死」的鑒定結論。雷擊是自然現象，不可人為操控，所以雷擊死通常是意外事件。

小白： 「師父，我今天看了一齣影片，一個人被雷劈了，結果自己站起來了，沒走兩步，又給雷劈了。你說這人是發了多少毒誓啊？」

聶之軒： 「沒有數據證實那些遭受雷擊的人都是發過毒誓的。」

小白： 「開個玩笑而已，師父你可以有一點幽默感嗎？」

聶之軒： 「我的意思是說，沒有發過毒誓的人，也是需要防範雷擊的。」

小白： 「還是沒有幽默感。好吧，都最後一案了，我繼續跑個龍套。師父，究竟甚麼情況下最容易遭受雷擊呢？」

聶之軒： 「小時候，父母就會教我們，打雷的時候不要站在大樹下，不能舉起雨傘等金屬物。這就是最容易被雷擊的情況。站在大樹下躲雨，手持金屬物體行走，尤其是在身體被淋濕的情況下，是比較容易遭受雷擊的。另外，在室外的開闊地，如果有多人擁擠在一起，且身體被淋濕，也容易被雷擊。即使打雷時身處室內，但如果靠近煙囪，或者正在看電視、打電話，也有被雷擊的危險。雷電打擊水面的時候，會造成大範圍的影響；所以打雷時在水面航行，或者游泳都會存在危險。避免上述所說的情況，就自然不用擔心被雷電擊傷啦！」

小白： 「被雷劈了，還不一定會死，我真是今天才知道。」

聶之軒：「有文獻説，被雷擊的人，有六成可能保住生命，但依舊是有很大概率死亡，所以防雷擊還是要隨時記在我們心中的。另外，值得一提的是，有文獻報道，妊娠六個月以上的孕婦，即使是遭受了雷擊，發生電休克的情況也很少，而且大多數存活。但是，腹內的胎兒可能死亡，或者發生流產。可能，這是因為孩子都是媽媽的保護神吧！」

小白：　「其實媽媽們又有誰願意讓自己的孩子保護呢？所以，防雷擊還真是頗關鍵的。時刻繃緊安全弦，快樂生活每一天！」

聶之軒：「不錯，不錯！這麼久以來，你不僅專業功底提升很多，還會作詩了。」

CASE: X

File Name:

一場意料之外的死亡

Cexuse:

?

　　早晨七點，法醫小林就接到了警署的電話，一個叫作曾峰的人，自焚死亡了。

　　在小林的負責的分區內，每年都會有上百宗非正常死亡的案件。除了交通事故和其他意外事故，大多都是想不開去自殺的。所以，這種案情，對於小林來說也是見怪不怪了。

　　現場位於一座荒山上。這座荒山是附近幾個村子共用的「公墓」。即使是白天來，也感覺有些陰森森的。曾姓的祖墳集中在荒山東南面，現場就位於一個叫作曾成功的墓碑前面。

　　「這個曾峰，是臨死前到祖墳來的？」小林一邊爬山，一邊問身邊的警察，「這裏應該就是他家的祖墳吧？」

　　「是啊！這個曾成功就是曾峰的父親。」警察說，「曾成功十年前因為車禍死亡，曾峰算是個孝子，每年都會來上墳。這次，他自殺的地點，也選擇在了自己父親的墓碑前。」

　　「你們怎麼知道是自殺？」小林問。

　　「事情是這樣的。」警察說，「曾峰兩年前開了一家工程公司。從今年開始，公司業績一直非常差，而且墊鉅資籌建的一個工程，最後也虧了本。曾峰也曾經試圖挽救自己的公司，到處借錢想翻本。結果緊接着的幾個工程，最後也都賠了本，目前他的公司幾乎要破產！最近，很多借給曾峰錢的親戚朋友都聽聞了曾峰賠本的消息，擔心要錢

晚了，就要不回來了。所以，根據我們調查的電話記錄來看，曾峰在近一個月時間內，每天都會接到十幾個電話。這些電話號碼我們都逐一核實了，幾乎都是債主來催債的。」

「所以，你們認為曾峰無法償還借款，最終選擇了自殺？」小林問。

警察點點頭，說：「不僅如此。昨天晚上，曾峰的姐姐接到了曾峰的電話。電話中，曾峰肯定是喝多了酒，他反覆和姐姐說，自己對不起父母，對不起家人，對不起借給他錢的親戚朋友。他會在昨天晚上離開他們，希望他姐姐以後能幫助照顧他的兒子。電話中，曾峰還強調，他最近太倒霉了，他希望自己『火』一把。當時曾峰的姐姐還以為曾峰只是說說，不會來真的。結果深夜的時候，曾峰的妻子打電話給他姐姐說，曾峰還沒有回家，希望姐姐可以幫助尋找。這時候，曾峰的姐姐就意識到事情不妙，趕緊打電話給親戚朋友。親戚朋友，尤其是借錢給曾峰的那些聞訊後，立即前來幫助尋找。今天早晨，曾峰的姐姐突然想起曾峰生前非常孝順，猜想是不是有可能到祖墳來自殺，於是帶人前來尋找，果然看到了一具燒焦了的屍體，身邊還有燒毀的汽油桶。這時候曾峰的姐姐才想起來，之前曾峰就說過，自己要在死的時候『火』一把。所以，他選擇了自焚這種方式。」

「看來，案情很清楚了。」小林說。

警察點點頭，說：「辛苦你了，還要爬山。只是有規定，非正常死亡的屍體，無論案情清楚不清楚，都要法醫到場驗證，所以不得不麻煩你。」

小林笑了笑沒說話，繼續專心爬山。

很快，他們都到了現場附近。現場已經被藍白相間的封鎖帶圈了起來。小林鑽進封鎖帶，走到了屍體的旁邊。

現場附近的枯草都已經被燒毀，中間有一具完全碳化的屍體。

「現場有一些酒瓶、飯盒，說明死者在死亡前，還大吃大喝了一頓啊！現場周圍沒有搏鬥痕跡。」小林在現場仔細看了看，說，「如果是用火燒別人的話，肯定會有搏鬥、掙扎的痕跡。」

「所以，他肯定就是自焚的？」警察說。

小林搖搖頭說：「最關鍵的，還是要看死者是生前被燒死還是死後被焚屍。如果是已經死了再被焚屍，也不會有任何掙扎、搏鬥的痕跡。」

「有道理！」警察說，「哦！對了，我們索取了附近加油站的閉路電視，曾峰確實在昨天晚上到加油站裏買了一桶汽油。這個現場，應該是有汽油作為助燃劑的吧？」

小林點點頭，說：「周圍枯草都有燒毀，而且屍體碳化得這麼嚴重，肯定是有助燃劑的了。現在影片也有了印證，這個案件應該沒有甚麼問題了。現在我來看看屍表。」

小林小心地檢查屍表，雖然屍體已經完全碳化，但是在殘存的軀幹上，也能確定沒有甚麼損傷，周圍也沒有明顯的血跡。因為屍體是仰臥位起火的，所以壓在屍體背後的衣服還有一些殘渣。背後的皮膚也沒有完全碳化，看起來也沒有任何損傷。

小林把屍體背後的衣服殘渣收集了一部分，然後在陽光下觀察。

「黑色外套，紫色襯衫，棕色皮帶，牛仔褲，紅色內褲。」警察按照小林觀察的順序唸着，「這和死者妻子描述的，曾峰離開家門時的衣着完全一致。」

小林點點頭，用手術刀切開死者的頸部正中，分離出死者的氣管，然後打開，說：「你們看，死者的氣管裏有大量的煙灰和炭末，而且氣管壁都有明顯的充血痕跡，這些都可以證明死者是生前被燒死，而不是死後被焚屍。」

「現場無搏鬥，還有吃臨別飯的跡象，又是生前被燒死，還是死者自己去買的汽油。」警察說，「這案子定案沒有任何問題吧？」

在徵求死者家屬同意後，因為當地的風俗是土葬，所以把曾峰的屍體掩埋了。

一個月後，正在值班的小林，突然被執法部門的同事傳喚了。理由是，小林涉嫌疏忽職守罪。案件緣由是，那個被小林鑒定死亡的曾峰，突然「復活」了。他在別的地方，偶遇了一個借錢給他的朋友，那個朋友被這個「復活」的曾峰嚇了一跳，於是報了警。

問題來了：曾峰的復活究竟是怎麼回事？小林為何會涉嫌疏忽職守罪？

現在，請思考幾分鐘，結合你在本書了解到的法醫學知識，做出你的推理吧！

第 X 案．答案篇

曾峰為了躲債，用好吃好喝的，騙取了一個精神病流浪漢的信任，然後把流浪漢騙到了自己父親的墳前，並且騙他吃下了含有安眠藥的菜和酒。在流浪漢睡過去以後，曾峰給流浪漢換上了自己的衣服，然後去加油站買了一桶汽油，焚燒了正在熟睡的流浪漢。最後曾峰打電話讓自己的姐姐認為他會自殺。

本案中，依照常規檢驗程序，小林應該提取死者的 DNA 來進行身份認定，應該提取死者的血液或者胃內容物進行常規毒物檢驗。如果小林不那樣先入為主，按照操作規程辦事，就會識破曾峰的伎倆。因為沒有按照操作規程辦事，導致一宗命案差一點被蒙混過關，所以小林涉嫌疏忽職守罪。

彩蛋・屬你的生命筆記

　　在很多科幻電影裏，主角無數次重演自己的人生，
從生死的循環中逐漸瞭解到生命的意義。而在本書裏，
我們也看到了女主角夏曉曦 28 次「死去活來」的經歷，
通過「她」的故事，我們看到了生命的脆弱和珍貴。

　　對我們來說，生命只有一次，人生無法重來。

　　那麼，通過本書，你學到了哪些關於生命的知識點呢？

歡迎將你的筆記寫在下面，分享給閱讀這本書的其他人。

不自然死因研究

UNNATURAL DEATH INVESTIGATION

法醫的 28 課死亡剖析筆記

著者
法醫秦明

責任編輯
陳芷欣

裝幀設計
羅美齡

排版
楊詠雯

出版者
萬里機構出版有限公司
香港北角英皇道 499 號北角工業大廈 20 樓
電話：2564 7511　　傳真：2565 5539
電郵：info@wanlibk.com
網址：http://www.wanlibk.com
　　　http://www.facebook.com/wanlibk

發行者
香港聯合書刊物流有限公司
香港荃灣德士古道 220-248 號荃灣工業中心 16 樓
電話：2150 2100　　傳真：2407 3062
電郵：info@suplogistics.com.hk

承印者
美雅印刷製本有限公司
香港觀塘榮業街 6 號海濱工業大廈 4 樓 A 室

出版日期
二〇二一年四月第一次印刷
二〇二四年六月第四次印刷

規格
大 32 開（213 mm × 150 mm）